KÖNIGS ERLÄUTERUNGEN

Band 318

Textanalyse und Interpretation zu

Bertolt Brecht

MUTTER COURAGE UND IHRE KINDER

Wilhelm Große

Alle erforderlichen Infos für Abitur, Matura, Klausur und Referat plus Musteraufgaben mit Lösungsansätzen

Bange Verlag

Zitierte Ausgabe:
Brecht, Bertolt: *Mutter Courage und ihre Kinder*. Frankfurt am Main: Suhrkamp Verlag, 2008 (= edition suhrkamp 49)

Über den Autor dieser Erläuterung:
Dr. Wilhelm Große: Studium der Germanistik, Philosophie und Pädagogik an der Ruhr Universität Bochum; Tätigkeit im Schuldienst, in der Lehrerausbildung und -fortbildung; Lehrbeauftragter an der Trierer Universität im Bereich Literaturdidaktik; zahlreiche Publikationen zur deutschsprachigen Literatur vom 18. bis zum 20. Jahrhundert; literaturdidaktische Beiträge.

Hinweis:
Die Rechtschreibung wurde der amtlichen Neuregelung angepasst. Zitate von Brecht müssen aufgrund eines Einspruches in der alten Rechtschreibung beibehalten werden.

5. Auflage 2018
ISBN 978-3-8044-1924-7
PDF: 978-3-8044-5924-3, EPUB: 978-3-8044-6924-2

Titelbild: Helene Weigel als Mutter Courage (1949), © ullstein bild
Druck und Weiterverarbeitung: Tiskárna Akcent, Vimperk

1. DAS WICHTIGSTE AUF EINEN BLICK – SCHNELLÜBERSICHT

Damit sich jeder Leser in unserem Band rasch zurechtfindet und das für ihn Interessante gleich entdeckt, hier eine Übersicht.

Im 2. Kapitel werden die wichtigsten Daten zu **Brechts Biografie,** dem **zeitgeschichtlichen Hintergrund** und **seinem Werk** angeführt:

⇨ S. 10 ff.

→ Brecht wurde 1898 in **Augsburg** geboren, studierte in München Medizin, dort fand auch die Aufführung seines zweiten Stückes *Trommeln in der Nacht* statt.
→ Brecht erhielt 1922 den Kleist-Preis, war Dramaturg an den Münchener Kammerspielen.
→ Er siedelte 1924 nach **Berlin** über; dort 1928 sein großer Erfolg mit der *Dreigroschenoper*.
→ 1933 Machtergreifung durch die Nationalsozialisten; darum Brechts Flucht nach Dänemark; dann über Schweden, Finnland, Moskau nach Santa Monica in Kalifornien/USA (1941).
→ Im **Exil** schreibt Brecht ***Mutter Courage und ihre Kinder*** **(1939)**, 1941 Uraufführung in der Schweiz.
→ 1947 kehrt Brecht über die Schweiz nach Europa zurück; Übersiedlung nach Berlin (Ost).
→ 1949 dort **Gründung des Berliner Ensembles**; 1956 stirbt Brecht.

Im 3. Kapitel bieten wir eine Textanalyse und -interpretation.

Mutter Courage – Entstehung und Quellen:

Zunächst werden Brechts Entwicklung als Stückeschreiber, die Umstände des Exils, in denen er *Mutter Courage* verfasste, und die einzelnen **Fassungen** skizziert, die er der *Courage* gab. Erwähnung finden auch die Modellinszenierung (1948/49), die Brecht erarbeitete, und die Arbeit an einem Drehbuch für die Verfilmung. ⇨ S. 15 ff., 18 ff.

Inhalt:

Das Stück umfasst **12 Bilder**. ⇨ S. 21 ff.

In denen wird dargestellt, wie **Mutter Courage als Marketenderin** (= Händlerin mit für die Soldaten kriegswichtigen Utensilien) einerseits am Krieg verdienen muss und will, andererseits aber ihre eigenen Kinder vor dem Krieg und seinen Folgen bewahren will. Sie sieht nicht ein, dass das unmöglich ist, muss also **ihre drei Kinder dem Krieg opfern**.

Aufbau:

Mutter Courage **gehört zur Gruppe der epischen Dramen Brechts**, wobei als kommentierende, verfremdende Mittel u. a. den Szenen vorangestellte Inhaltsangaben, Songs und sprachliche Umwertungen und Verkehrungen eingesetzt werden. Dieses epische Theater verwirklicht die offene Form, die anti-aristotelische Reihung von Szenen, die weder einen eigentlichen Anfang noch ein eigentliches Ende aufweisen. ⇨ S. 30 ff.

→ offene Szenen
→ offener Schluss
→ Funktion der Titularien
→ Funktion der eingestreuten Lieder

Chronologie und Schauplätze:

Die zwölf Szenen des Stückes spielen im Zeitraum von Frühjahr 1624 bis Januar 1636, also in der Zeit des Dreißigjährigen Krieges (1618–1648).

Schauplätze sind Kriegslager sowohl auf der kaiserlich-katholischen als auch auf der protestantisch-schwedischen Seite.

Personen:

⇨ S. 47 ff.

Die Hauptpersonen sind
Mutter Courage:

→ die Marketenderin
→ Mutter von drei Kindern

und ihre Kinder:
Eilif verkörpert die Tugend der Tapferkeit
Schweizerkas verkörpert die Tugend der Redlichkeit
Kattrin verkörpert die Tugend der Menschlichkeit

außerdem:
Der Feldprediger – Verbindung von Kirche und Militär
Yvette Pottier – Lagerhure
Der Obrist – ein Negativum
Der Feldhauptmann – verlebter Aristokrat
Der Koch – Verbindung von Liebe und Geschäft
Wir stellen diese Personen ausführlich vor.

Stil und die Sprache Brechts:

- Anachronismen und altertümliche Wendungen geben dem Stück Zeitkolorit. ⇨ S. 65
- Die Dialogführung ist ein Mittel der publikumsgerichteten Dramaturgie des Stückes.

Unterschiedliche Interpretationsansätze bieten sich an:

- Brechts eigene Äußerungen zum Stück ⇨ S. 66 ff.
- Mutter Courage als typische Kleinbürgerin
- *Mutter Courage und ihre Kinder* als eine andere Form des Geschichtsdramas
- *Mutter Courage und ihre Kinder* als Tragödie, nicht als Lehr-Stück

Bertolt Brecht 1898–1956, © Cinetext/ Henschel Theater-Archiv

2. BERTOLT BRECHT: LEBEN UND WERK

2.1 Biografie

JAHR	ORT	EREIGNIS	ALTER
1898	Augsburg	geboren am 10. Febr. als Sohn eines Direktors der Haidlschen Papierfabriken	
1916		Pazifistischer Schulaufsatz, deshalb Androhung des Schulverweises	18
1917		Abitur	19
1917	München	Beginn des Medizinstudiums	19
1918	Augsburg	Sanitätssoldat in einem Lazarett	20
1922	München	Uraufführung von *Trommeln in der Nacht* an den Münchener Kammerspielen; Verleihung des Kleist-Preises	24
1923	München	Dramaturg an den Münchener Kammerspielen	25
1924	Berlin	Übersiedlung von München nach Berlin; Dramaturg am Deutschen Theater bei Max Reinhardt	26
1926	Darmstadt	Uraufführung von *Mann ist Mann*	28
1927	Berlin	Mitarbeit an der Dramatisierung von Hašeks *Schwejk* für die Piscator-Bühne	29
1928	Berlin	Uraufführung der *Dreigroschenoper* am Schiffbauerdamm-Theater	30
1929		Heirat mit Helene Weigel	31
1930	Leipzig	Uraufführung der Oper *Aufstieg und Fall der Stadt Mahagonny* in Leipzig; *Die heilige Johanna der Schlachthöfe*	32
1932	Berlin	Uraufführung von *Die Mutter* (nach dem Roman von Maxim Gorki) in Berlin	34

JAHR	ORT	EREIGNIS	ALTER
1933	Dänemark	28. Febr.: nach dem Machtantritt der Nationalsozialisten in Deutschland flieht Brecht mit der Familie über mehrere Stationen nach Dänemark; Wohnsitz bei Svendborg auf Fünen	35
1934		*Dreigroschenroman*	36
1935		Aberkennung der deutschen Staatsbürgerschaft durch die Nationalsozialisten	37
1936		mit Lion Feuchtwanger und Willi Bredel Herausgeber der in Moskau erscheinenden Literaturzeitschrift *Das Wort* (erscheint bis 1939)	38
1937		*Die Gewehre der Frau Carrar*	39
1938		*Furcht und Elend des Dritten Reiches*; erste Arbeit an der *Mutter Courage*	40
1939	Schweden	Übersiedlung nach Schweden; Niederschrift des Stückes ***Mutter Courage und ihre Kinder***	41
1940	Finnland	Aufenthalt in Finnland	42
1941	Moskau USA Zürich	*Der aufhaltsame Aufstieg des Arturo Ui*; Flucht aus Finnland über Moskau, Wladiwostok nach Santa Monica in Kalifornien/USA; Uraufführung der *Mutter Courage* im Zürcher Schauspielhaus	43
1943	Zürich	*Schweyk im Zweiten Weltkrieg*; Uraufführung von *Der gute Mensch von Sezuan* und *Leben des Galilei* im Zürcher Schauspielhaus	45
1945		*Der kaukasische Kreidekreis*	47
1947	Schweiz	Verhör vor dem McCarthy-Ausschuss für ‚unamerikanische Aktivitäten' in Washington; Rückkehr nach Europa; vorläufiger Aufenthalt in der Schweiz	49
1948	Berlin (Ost)	Übersiedlung nach Berlin (Ost)	50

JAHR	ORT	EREIGNIS	ALTER
1949		September: Gründung des Berliner Ensembles	51
1950		Erwerb der österreichischen Staatsbürgerschaft; Wohnsitz in der DDR; Mitglied der Deutschen Akademie der Künste in Berlin (Ost)	52
1951		Brecht erhält den DDR-Nationalpreis 1. Klasse	53
1954		März: Eröffnung des Theaters am Schiffbauerdamm als eigenem, endgültigem Sitz des Berliner Ensembles; Juli: das Berliner Ensemble erhält den 1. Preis beim Théâtre des Nations in Paris	56
1955	Moskau	Reise nach Moskau zur Entgegennahme des Internationalen Stalin-Friedenspreises	57
1956	Berlin (Ost)	14. August: Tod nach Herzinfarkt; Begräbnis auf dem Dorotheen-Friedhof Berlin (Ost)	58

2.2 Zeitgeschichtlicher Hintergrund

ZUSAMMENFASSUNG

Brechts erste Stücke tragen noch Züge des expressionistischen Dramas.
Bekannt wird der Stückeschreiber Brecht vor allem durch die *Dreigroschenoper*. Es folgen dramatische Experimente mit den sog. ‚Lehrstücken'. Zu den Stücken, die im Exil entstanden, gehören das Schauspiel *Mutter Courage und ihre Kinder* (1939) neben *Leben des Galilei* (1. Fassung 1938/39), *Der gute Mensch von Sezuan* (1939–41), *Herr Puntila und sein Knecht Matti* (1940) und *Der kaukasische Kreidekreis* (1944).

Brechts Entwicklung als Stückeschreiber bis zur *Mutter Courage*

Erstes Drama: *Baal*

„Bereits im dramatischen Erstling *Baal* gelang Brecht in der Figur des Bohemiens und Vagabunden die Gestaltung eines Menschentypus: Baal ist der ‚Lebensverbraucher', der sich und andere Menschen rigoros ‚auslebt'. Als Nihilist weist er alle metaphysische Beruhigung von sich. … Auch das zweite Stück *Trommeln in der Nacht* stellt eine Herausforderung an die bürgerliche Gesellschaft seiner Zeit dar. In der Form des expressionistischen Heimkehrerdramas entwirft Brecht ein kritisches Bild des Bürgertums, das das Kriegsende und die (verratene proletarische) Revolution von 1918/19 dazu benutzt, seine Pfründe erneut zu sichern. … In *Mann ist Mann* konfrontierte Brecht seine Zeit mit dem von ihr geschaffenen Typus des auswechselbaren Individuums. … Als Gegenentwurf zu John Gays *Beggar's Opera* entstand 1928 das satirische Spektakel *Die Dreigroschenoper* mit der Musik von Kurt Weill. Sie zeigt die bürgerliche Gesellschaft als ausbeuterisches

Heimkehrerdrama: *Trommeln in der Nacht*

Satire: *Die Dreigroschenoper*

Neue Dramenform: Das Lehrstück

Raubsystem, das sich hinter der Maske der Wohlanständigkeit versteckt. … Ende der 20er Jahre entwickelte Brecht eine neue Dramenform, die er … dem kulinarischen Schautheater der Zeit entgegensetzte: das sog. Lehrstück *(Flug des Lindberghs*; *Badener Lehrstück vom Einverständnis*; *Der Jasager*; *Der Jasager und der Neinsager*; *Die Maßnahme*; *Die Ausnahme und die Regel)*. … Brecht wollte mit den Stücken die gewohnte Konsumentenhaltung des Zuschauers aufbrechen. … Als erstes marxistisches Stück gilt *Die heilige Johanna der Schlachthöfe.* Es basiert auf alten Plänen, die Hintergründe der kapitalistischen Ökonomie und der Vorgänge an der Börse dramatisch zu veranschaulichen. … Gleichzeitig entwickelte Brecht mit der Oper *Aufstieg und Fall der Stadt Mahagonny* seine Theorie des ‚epischen Theaters' (vgl. dazu auch Kap. 5, Materialien). … Im marxistischen Stück *Die Mutter*, einer Dramatisierung des Romans von Maxim Gorki, realisierte Brecht seine Theorie erstmals konsequent. … Brechts große Stücke entstanden während des Exils, weitgehend ohne Kontakt zum Theater."[1] Zu den Stücken, die im Exil entstanden, gehört auch das Schauspiel *Mutter Courage und ihre Kinder* (1939) neben *Leben des Galilei* (1. Fassung 1938/39), *Der gute Mensch von Sezuan* (1939–41); *Herr Puntila und sein Knecht Matti* (1940) und *Der kaukasische Kreidekreis* (1944).

Episches Theater

Stücke, die im Exil entstanden

---

1 Jan Knopf, *Bertolt Brecht*. In: Walter Killy: Literaturlexikon. Bd. 2, Gütersloh/München 1989, S. 181–183.

2.3 Angaben und Erläuterungen zu wesentlichen Werken

ZUSAMMENFASSUNG

Brecht beginnt mit der Niederschrift am 27./29.9.1939 und stellt sie zwischen dem 29.10. und 3.11.1939 fertig: Am 19.4.1941 wurde *Mutter Courage und ihre Kinder* am Schauspielhaus Zürich mit Hilfe emigrierter deutscher Schauspieler uraufgeführt. So schrieb Brecht einige Szenen um, um deutlicher zu machen, dass die Courage aus dem Krieg nichts lernte und nicht vom Zuschauer bedauert werden sollte. Diese Änderungen erfolgten im Zuge der eigenen Inszenierung des Stückes in Ostberlin 1948/49.

Die verschiedenen Fassungen der *Mutter Courage*

Niederschrift des Stückes: Herbst 1939

Spätere Äußerungen Brechts datieren die Entstehung der *Mutter Courage* in die Zeit kurz vor dem Ausbruch des Zweiten Weltkrieges oder auf das Jahr 1938. Nach zwei Notizen von Margarete Steffin, einer Mitarbeiterin Brechts, beginnt Brecht mit der Niederschrift am 27./29.9.1939 und stellt sie zwischen dem 29.10. und 3.11.1939 fertig. Demnach würde Brecht die Arbeiten am *Galilei* abgeschlossen (23.11.1938) und sich kurz dem alten Entwurf des *Guten Menschen von Sezuan* zugewandt haben; die Weiterarbeit daran jedoch lässt er schon bald wieder fallen, widmet sich dann der Fertigstellung des *Verhörs des Lukullus* und schreibt die *Courage* in der o.g. kurzen Zeitspanne nieder.

„Im Herbst 1940 bespricht Brecht mit Simon Parmet die Musik der Songs (die heute meistens gespielte Musik zu den Songs

> schrieb Paul Dessau 1946 in enger Zusammenarbeit mit Brecht), und im Dezember werden die Titularien zu den einzelnen Szenen formuliert. ... Die so in Aussicht genommene öffentliche Verbreitung stand jedoch unter den inzwischen noch schwieriger gewordenen Bedingungen des Krieges. Veröffentlichen konnte Brecht lediglich die Szene ‚Feldhauptmann Tilly wird begraben' 1940 in Heft 12 der in Moskau erscheinenden Internationalen Literatur und 1941 eine englische Fassung bei Ronald Hays in London."[2]

Uraufführung in Zürich 1941

Am 19.4.1941 wurde *Mutter Courage und ihre Kinder* am Schauspielhaus Zürich mithilfe emigrierter deutscher Schauspieler uraufgeführt. Anhand der Reaktionen der Theaterkritik musste Brecht erkennen, dass das Stück anders rezipiert werden konnte, als er es intendiert hatte. Brecht verstörte, dass der Zuschauer von der „dauerhaftigkeit und tragfähigkeit der gequälten kreatur (des ewigen muttertiers) erschüttert"[3] werden konnte, wie er es in seinem *Arbeitsjournal* formulierte. Änderungen am Stück waren nötig geworden. So schrieb Brecht einige Szenen um, um deutlicher zu machen, dass die Courage aus dem Krieg nichts lernt und nicht vom Zuschauer bedauert werden sollte. Diese Änderungen erfolgten im Zuge der eigenen Inszenierung des Stückes in Ostberlin 1948/49. Brecht entwickelte eine mustergültige Aufführung der *Courage*, eine sog. Modellinszenierung.

Brecht schreibt Szenen um

Modellinszenierung 1948/49

> „Die Erprobung des Stückes in inhaltlicher und formaler Hinsicht ist im Courage-Modell dokumentiert, das Ruth Berlau her-

---

2 Dieter Thiele, *Bertolt Brecht: Mutter Courage und ihre Kinder*, Frankfurt, 1985, S. 12.
3 Brecht, *Brechts Mutter Courage und ihre Kinder*, hrsg. v. Klaus-Detlef Müller, suhrkamp taschenbuch materialien, Frankfurt, 1982, S. 223.

stellte und das wesentlich zum internationalen Durchbruch des epischen Theaters beitrug. Die Premiere der Berliner Aufführung fand am 11. 1. 1949 am Deutschen Theater statt. Eine erste Buchausgabe, der alle weiteren Aufführungen und Drucke zugrunde liegen, erfolgte im selben Jahr in Heft 9 der Versuche."[4]

Erste Verfilmung scheitert

Schon 1947 hatte Brecht sich dahingehend geäußert, dass er sich eine Verfilmung der *Courage* vorstellen könne. „Nach dem Erfolg der Berliner Aufführung ging die DEFA auf das Projekt ein. Das Drehbuch wurde, unter maßgeblicher Mitwirkung Brechts, von Emil Burri und dem Regisseur Wolfgang Staudte geschrieben: Von 1951 bis 1955 entstanden vier Fassungen, die den Stoff mediengerecht umzusetzen versuchten und in denen der Geschäftssinn der Courage gegenüber ihrer Mütterlichkeit stärker akzentuiert wurde. … Der Film kam nicht zustande, weil die filmästhetischen Auffassungen Brechts und Staudtes sich als unvereinbar erwiesen und weil die DEFA Bedingungen des Stückeschreibers nicht akzeptierte: Die Dreharbeiten wurden 1955 abgebrochen. 1960 wurde dann die Modellaufführung des Berliner Ensembles von Peter Palitzsch und Manfred Wekwerth verfilmt."[5]

Verfilmung der Modellaufführung 1960

---

4 Dieter Thiele, *Bertolt Brecht: Mutter Courage und ihre Kinder*, Frankfurt, 1985, S. 12.
5 Brecht, *Brechts Mutter Courage und ihre Kinder*, hrsg. v. Klaus-Detlef Müller, suhrkamp taschenbuch materialien, Frankfurt, 1982, S. 251.

3. TEXTANALYSE UND -INTERPRETATION

3.1 Entstehung und Quellen

ZUSAMMENFASSUNG

Brecht schrieb zur Entstehung der *Mutter Courage*: „Das Handwerk des Exilierten ist das Hoffen. Ich schrieb mein Stück, soweit mir bekannt war, für Skandinavien und deshalb schreibe ich jetzt diesen kleinen Traktat für Skandinavien. … Im Gegensatz zu den meisten andern europäischen Ländern spielte das Theater in Skandinavien eine Rolle. Ich stellte mir, schreibend, vor, daß von den Bühnen einiger großen Städte herab, die Warnung des Stückschreibers zu hören sein würde, die Warnung, daß der einen langen Löffel haben muß, der mit dem Teufel frühstücken will." [6]

Zur Kopenhagener Aufführung 1953 schrieb Brecht folgende Notiz:

Das Besondere am Schreiben im Exil

„Das Stück *Mutter Courage und ihre Kinder* schrieb ich im dänischen Exil, vor ein und ein und einhalb Jahrzehnten. Über das grüne und freundliche Fünen fiel schon ein großer Schatten. Vom Sund gab es Geschützdonner zu hören. Im Radio kündeten Geräusche, die menschlichen Stimmen entfernt ähnelten, daß die Vorbereitungen zu einem großen Raubzug in Deutschland vor dem Abschluß standen. Zwischen Koffern schrieb ich noch ein Stück. Im Exil schreibt man in besonderer Weise. Man ruft sozusagen in den Wind. Aber man ruft doch in eine bestimmte Richtung. Zu niemandem gehörend spricht man noch nicht zu allen. Von

6 ebd., S. 246.

denen, die nicht herhören, spricht man zu ganz bestimmten. Und im Grunde, uneingestanden, spricht man weiter zu denen zu Hause, die gar nicht mehr hören können. Das Handwerk des Exilierten ist das Hoffen. Ich schrieb mein Stück, soweit mir bekannt war, für Skandinavien und deshalb schreibe ich jetzt diesen kleinen Traktat für Skandinavien.

Es mag heute schwierig sein, sich daran zu erinnern, daß es damals in Skandinavien Leute gab, die nicht abgeneigt waren, sich an den Unternehmungen jenseits der Grenze ein wenig zu beteiligen. Sie werden kaum davon reden. Nicht so sehr, weil es sich um einen Raubzug handelte, sondern weil dieser Raubzug mißglückte. Es gibt sogar in Deutschland eine Menge Räuber, die den damaligen Raubzug heute ablehnen

Ausstellungsobjekt Marketenderwagen aus dem Stück *Mutter Courage und ihre Kinder* im Brecht-Weigel-Haus Buckow

Im Gegensatz zu den meisten andern europäischen Ländern spielte das Theater in Skandinavien eine Rolle. Ich stellte mir, schreibend, vor, daß von den Bühnen einiger großer Städte herab die Warnung des Stückschreibers zu hören sein würde, die Warnung, daß der einen langen Löffel haben muß, der mit dem Teufel frühstücken will. Ich mag darin naiv gewesen sein, aber ich halte es nicht für eine Schande, naiv zu sein.
Es kam nicht zu solchen Aufführungen. Die Schriftsteller können nicht so schnell schreiben, als die Regierungen Kriege machen können; denn das Schreiben verlangt Denkarbeit. Die *Mutter Courage und ihre Kinder* kam also zu spät."[7]

Mutter Courage – „Warnung vor dem geschäftstüchtigen Einverständnis mit dem bevorstehenden Krieg"

Aus diesen Äußerungen spricht Brechts große Sorge, die er während seines Aufenthaltes in den skandinavischen Exilländern hatte, dass diese Länder sich doch eines Tages bereit zeigen würden, sich mit Hitler zu arrangieren, um ihren Profit zu machen. *Mutter Courage* wäre in diesem Kontext „eine Warnung vor dem geschäftstüchtigen Einverständnis mit dem bevorstehenden Krieg"[8].

---

7 ebd., S. 246 f.
8 ebd., S. 11.

3.2 Inhaltsangabe

ZUSAMMENFASSUNG

Anna Fierling, genannt Courage, ist Marketenderin, kleine Geschäftsfrau, die mit ihrem Planwagen voll von Waren mal auf der protestantisch-schwedischen, mal auf der kaiserlich-katholischen Seite am Kriegsgewinn teilzuhaben sucht. Ihrer Meinung nach ist Krieg Geschäft und auch die Großen führen den Krieg um des Gewinnes willen. Mutter Courage handelt nach der Devise, dass gut ist, was dem Geschäft nützt. Während sie am Gewinn teilhaben will und so den Krieg unterstützt, will sie sich jedoch zugleich heraushalten und sich und ihre Kinder vor seinen Folgen bewahren, was ihr aber nicht gelingt bzw. gelingen kann. Sie muss dem Krieg und den ihm innewohnenden Gesetzen ihre Kinder opfern: ihren Sohn, den kühnen Eilif, den zweiten Sohn, den redlich-dummen Schweizerkas, und schließlich die stumme Kattrin, die gegen die unmenschliche Ordnung rebellierende Protest-Figur des Stücks. Mutter Courage selbst bleibt letztlich unbelehrt und zieht weiter: „Ich muß wieder in'n Handel kommen."

Schweden, Landstraße in Stadtnähe, Frühjahr 1624: Eilif wird angeworben (1. Bild)

Anna Fierlings Sohn Eilif zieht in den Krieg

Im Frühjahr 1624 mit ihrem Marketender-Wagen durch Südschweden ziehend, trifft die ‚Geschäftsfrau' Anna Fierling, bekannt unter dem Namen Mutter Courage, in Dalarne auf Werber, die ihr den Sohn Eilif für den Feldzug in Polen abspenstig machen und ihn hinterlistig entführen, während die Courage ihr Geschäft mit dem

Feldwebel abwickelt. Sie weissagt dem Feldhauptmann Oxenstjerna den Tod, die Lose zeigen aber auch an, dass sie ihre eigenen Kinder verlieren wird.

Vor Wallhof, einer Festung bei Riga, das Zelt des Feldhauptmanns, 1626: Wiedersehen mit Eilif, Geschäft mit Koch, Schweizerkas ist Zahlmeister
(2. Bild)

Wiedersehen mit Eilif nach 2 Jahren

In den zwei folgenden Jahren zieht Mutter Courage im Tross der schwedischen Heere durch Polen. Vor der Festung Wallhof trifft sie ihren Sohn wieder. Sein Hauptmann zeichnet ihn gerade für einen Streich gegen die Bauern aus. Eilif hat den Bauern zwanzig Rinder entwendet. Mutter Courages Belohnung für Eilifs Heldentum ist zum einen eine kräftige Ohrfeige, zum andern nutzt sie Eilifs Auszeichnung zu einem Geschäft aus: An Pfeifenpieter, den Koch des Feldhauptmanns, verkauft sie einen Kapaun zu einem völlig überhöhten Preis, denn der Feldhauptmann verlangt zu essen und hat Eilif als Gast mitgebracht. Schweizerkas, der zweite Sohn der Courage, ist inzwischen bei dem zweiten schwedischen Regiment Zahlmeister geworden.

Feldlager, 1629: Überfall und Gefangenschaft, Tod Schweizerkas', Courage verleugnet toten Sohn
(3. Bild)

Die Szene spielt drei Jahre später. Sie ist in sich dreigeteilt; sie zeigt zunächst das Feldlager an einem Nachmittag; dann drei Tage später wiederum das Feldlager; der letzte Teil spielt am selben Abend, ebenfalls im Feldlager.

Mutter Courage verhandelt zunächst mit dem Zeugmeister um den Kauf eines Sacks Kugeln. Nachdem Zeugmeister und Schweizerkas, der nunmehr die Montur eines Zahlmeisters trägt, sich fortbegeben haben, mahnt die Courage ihre Tochter Kattrin, sich niemals mit den Soldaten einzulassen. Einer Unterhaltung mit der Hure Yvette schließt sich ein kurzes Geplauder und Politisieren mit dem Feldprediger und dem Koch an. Der Feldprediger deutet in diesem Gespräch der Courage an, dass der Koch an ihr interessiert sei. Plötzlich hört man Kanonendonner und Schüsse. Der Zeugmeister und ein Soldat kommen zur Kanone gelaufen und versuchen, sie wegzuschieben. Die katholischen Truppen unter Tilly überfallen die schwedischen Truppen, so dass Anna Fierling mit Teilen eines finnischen Regiments in Gefangenschaft der Katholischen gerät. Um unerkannt zu bleiben, verdeckt der Feldprediger sein geistliches Gewand mit einem neutralen Mantel, den ihm die Courage aushändigt. Yvette putzt sich als Hure besonders für den ‚Feind' heraus; die Courage entstellt dagegen das Gesicht ihrer stummen Tochter Kattrin mit Asche. Man holt die Regimentsfahne ein.

In Gefangenschaft der Katholiken

Einige Tage nach dem Überfall, als Schweizerkas aus seiner Redlichkeit heraus, zu der ihn seine Mutter erzogen hat, die Regimentskasse in Sicherheit bringen will, wird er ertappt und vor das Feldgericht gebracht. Mutter Courage will ihren Wagen, von dem ihre Existenz abhängt, an die Lagerhure Yvette Pottier, die sich einen finanzkräftigen Obristen ‚aufgegabelt' hat, verpfänden, um Schweizerkas auszulösen. Die Courage feilscht jedoch zu lang, um die Bestechungssumme herunterzuhandeln: Schweizerkas wird erschossen. Um sich nicht als seine Mutter zu verraten, die von der Existenz und dem Versteck der Kasse wusste, verleugnet die Courage ihren toten Sohn.

Schweizerkaas wird erschossen

Vor einem Offizierszelt, 1629: Courage führt Gespräch mit jungem Soldaten (4. Bild)

Geschäftssinn vs. Gerechtigkeit

Die Waren der Courage wurden mutwillig zerstört. Deswegen will sie sich beim Rittmeister beschweren, besinnt sich jedoch eines Besseren, denn es scheint ihr erfolgreicher und einträglicher zu sein, im Krieg Geschäfte zu machen und nicht für die Gerechtigkeit zu kämpfen. In diesem Sinne belehrt sie auch einen jungen Soldaten, der sich ebenfalls beim Offizier zunächst beschweren will, dann jedoch, nachdem die Courage das ‚Lied von der großen Kapitulation' gesungen hat, zieht auch er sich unverrichteter Dinge zurück.

In einem zerschossenen Dorf, 1631: Verwundete werden versorgt (5. Bild)

Kriegsalltag

Wieder sind zwei weitere Jahre vergangen. Der Krieg überzieht immer weitere Gebiete. Auf „rastlosen Fahrten durchquert der kleine Wagen der Courage Polen, Mähren, Bayern, Italien und wieder Bayern." (S. 61) Die Courage begleitet noch immer den Krieg auf der Seite der katholischen Truppen.

Tillys Sieg bei Magdeburg (1631) kostet Mutter Courage vier Offiziershemden, die sie dem Feldprediger, der Verwundete verbinden will, nur widerwillig überlässt. Der protestantische Feldprediger, der seine Soutane versteckt hat, hilft ihr und macht ihr sogar gelegentlich Anträge.

Vor Ingolstadt, 1632: Begräbnis Tillys, Kattrin wird verwundet (6. Bild)

Frieden ‚bedroht' die gut gehenden Geschäfte

Tilly ist gefallen (1632). Vor der Stadt Ingolstadt in Bayern wohnt die Courage dem Begräbnis des gefallenen kaiserlichen Feldhauptmanns bei. Wegen Tillys Tod droht der Frieden ‚auszubrechen', was für die Courage heißt, dass die Geschäfte dann schlecht gehen, und sie hat gerade erst neue Waren eingekauft. Die Zeiten sind also zu schlecht zum Heiraten.

Kattrin muss mit anhören, wie die Courage davon ausgeht, dass der Krieg wohl nicht aufhören werde (Feldprediger: „Der Krieg findet immer einen Ausweg", S. 68); sie ist darüber erzürnt und reißt für einen Moment aus, denn die Courage hat ihr versprochen, dass sie ‚im Frieden einen Mann kriege'. Der Feldprediger ist über seine Lage verbittert. Er sieht seine Talente brachliegen, während er für die Courage Handlangerdienste macht. Als der Feldprediger bei der Courage die Pfeife des Kochs entdeckt, die die Courage in Aufbewahrung für den Koch genommen hat, versucht der Feldprediger eifersüchtig, der Courage den Koch auszureden.

Tochter Kattrin wird überfallen

In der Annahme, während des Begräbnisses von Tilly hielten sich die meisten Soldaten nicht in der Stadt auf, hat die Courage ihre Tochter in die Stadt zusammen mit dem Regimentsschreiber geschickt. Sie sollen dort schon einmal die wertvolleren Sachen holen. Nun kommt Kattrin atemlos zurück. Sie ist überfallen und blutig geschlagen worden und durch diese Wunde im Gesicht entstellt. Zum Trost kramt die Courage für Kattrin die roten Stöckelschuhe hervor, die Yvette zurückgelassen hat.

Landstraße, 1632: Mutter Courage auf dem Höhepunkt ihrer Laufbahn (7. Bild)

Geschäfte laufen sehr gut

Dieses Bild zeigt Mutter Courage auf der Höhe ihrer geschäftlichen Laufbahn. An dem Planwagen hängen neue Waren, und die Courage ruft triumphierend, sie lasse sich den Krieg nicht madigmachen (S. 75). Um den Hals trägt sie eine Kette mit Silbertalern.

Feldlager, 1632: Koch und Yvette kommen zur Courage, Hinrichtung Eilifs (8. Bild)

Frieden stört die Geschäfte

Der Schwedenkönig Gustav Adolf fällt in der Schlacht bei Lützen. Der ‚ausbrechende Frieden' droht Mutter Courages Geschäft zu ruinieren, wo sie „eben neue Vorräte eingekauft" hat (S. 77). Der Koch, „etwas verwahrlost und mit einem Bündel" (S. 79), erscheint nach Jahren der Abwesenheit wieder bei der Courage und dem Feldprediger. Anders als diese beiden hatte er sich damals nicht auf die katholische Seite schlagen können, weil „die Katholischen … zu schnell gekommen" sind (S. 80). Auch Yvette schaut nach langer Zeit wieder einmal bei der Courage vorbei. Sie, die ehemalige Prostituierte, ist nun eine betuchte Witwe, heißt Obristin Starhemberg, denn sie hat den älteren Bruder jenes Obristen geheiratet, der vor Jahren bereit war, ihr das Geld für den Kauf des Marketenderwagens zu geben. Sie warnt die Courage auf Bitten des Feldpredigers vor dem Koch und seinen Avancen, die er der Courage macht, indem sie darauf verweist, dass der Koch der „schlimmste [gewesen sei], wo an der ganzen flandrischen Küste herumgelaufen ist. An jedem Finger eine, die er ins Unglück gebracht hat" (S. 85).

Yvette – von der Lagerhure zur betuchten Witwe

Eilif ist das erste Opfer dieses scheinbaren Friedens. Während Mutter Courage zusammen mit Yvette in die Stadt gegangen ist, um mithilfe der Beziehungen, die Yvette zum Regiment hat, die erst gerade erworbene Ware wieder günstig abzustoßen, werden der Feldprediger und Pfeifenpieter Zeuge, wie Eilif, der im Frieden geplündert und geschändet hat, zur Hinrichtung abgeführt wird. Nun wird bestraft, wofür er in Kriegszeiten als Held ausgezeichnet wurde. Ahnungslos kommt die Courage mit der ‚Freudenbotschaft', dass der Krieg weitergehe. Der Feldprediger ist Eilif in die Stadt gefolgt. Der Koch sagt der Courage nichts von der Hinrichtung Eilifs, nur dass ihr Sohn kurz da gewesen sei, aber auch gleich wieder hätte gehen müssen.

Eilif wird hingerichtet

Vor einem halb zerfallenen Pfarrhaus, 1634: Koch macht Courage Antrag, sie lehnt ab und zieht mit Kattrin weiter (9. Bild)

Schon sechzehn Jahre dauert der große Glaubenskrieg. Über die Hälfte seiner Bewohner hat Deutschland eingebüßt. Gewaltige Seuchen haben das Land überzogen und töten, was von den Metzeleien verschont geblieben ist. „In den ehemals blühenden Landstrichen wütet der Hunger. Wölfe durchstreifen die niedergebrannten Städte. Im Herbst 1634 begegnen wir der Courage im deutschen Fichtelgebirge, abseits der Heerstraße, auf der die schwedischen Heere ziehen." (S. 90) Die Geschäfte der Courage gehen so schlecht, dass auch ihr nur noch das Betteln übrig bleibt. Verarmt betteln die Courage und der Koch vor einem Pfarrhaus im Fichtelgebirge um Essen. Pfeifenpieter, der in seiner Heimatstadt Utrecht ein Wirtshaus geerbt hat, bietet der Courage an, sie dorthin mitzunehmen. Voraussetzung ist für ihn allerdings, dass die Courage Kattrin zurücklässt. Aber Mutter Courage willigt nicht ein und zieht mit Kattrin allein weiter.

16 Jahre Glaubenskrieg

Geschäfte gehen schlecht

Landstraße, 1635: Courage und Kattrin ziehen durchs Land (10. Bild)

Das ganze Jahr 1635 ziehen Mutter Courage und ihre Tochter Kattrin über die Landstraßen Mitteldeutschlands, folgend den immer zerlumpteren Heeren. Mutter Courage und ihre Tochter bleiben vor einem Bauernhaus stehen und hören einer Stimme zu, die im Haus das Lied ‚Uns hat eine Rose ergetzet' singt.

Bei Halle, neben einem Bauernhaus, Januar 1636: Geplanter Überfall auf die Stadt wird durch Kattrin vereitelt, sie wird erschossen (11. Bild)

1636 bedrohen kaiserliche Truppen die evangelische Stadt Halle. Ein paar kaiserliche Soldaten zwingen einen Bauern, ihnen einen Schleichweg in die Stadt zu verraten. Kattrin belauscht die Szene und steigt mit einer Trommel auf das Dach des Bauernhauses und trommelt die belagerte Stadt wach, zumal sie weiß, dass sich ihre Mutter und Kinder in der Stadt aufhalten. Sie wird schließlich vom Dach heruntergeschossen, nachdem die Soldaten zuvor durch Drohungen, z. B. den Planwagen der Courage zu zerstören, gegenüber Kattrin vergeblich versucht hatten, ihr Trommeln zu unterbinden.

Tod der Tochter Kattrin

Neben dem Bauernhaus, Januar 1636: Mutter Courage zieht allein weiter (12. Bild)

Mutter Courage sucht Eilif

Die Courage kommt von einem Geschäftsgang zurück und kann es zunächst nicht fassen, dass nun auch ihre Tochter Kattrin tot ist.

Sie singt ihr ein Wiegenlied vor und wird dann von der Bäuerin ermahnt: „Sie schlaft nicht, Sie müssen einsehen, sie ist hinüber."

(S. 107) Dem Bauern gibt sie Geld, damit Kattrin ordentlich begraben wird.

Mit ihrem zerlumpten Planwagen zieht die heruntergekommene, sichtlich gealterte Courage nun allein weiter, in der Hoffnung, Eilif wiederzufinden, von dessen Tod sie nichts weiß. Sie ist noch immer von dem Gedanken an ihr Geschäft besessen: „Ich muß wieder in'n Handel kommen." (S. 107)

3.3 Aufbau

ZUSAMMEN-FASSUNG

Das ‚Stück' – Brecht würde nicht mehr von ‚Drama' oder gar ‚Tragödie' sprechen – besteht aus zwölf Bildern bzw. Szenen, die jeweils mit einem Zwischentitel (Titularien) eingeführt werden und in die Songs mit teilweise kommentierendem Charakter eingebaut sind. Es entspricht ganz dem, was sich Brecht unter seinem ‚epischen Theater' vorgestellt hat.

Übersicht und Chronologie der Szenen

SZENE	ZEIT	ORT	HANDLUNG
1	1624	Schweden Landstraße in Stadtnähe	Eilif wird angeworben
2	1626	Vor Wallhof, einer Festung bei Riga Das Zelt des Feldhauptmanns	Wiedersehen mit Eilif, Geschäft mit Koch, Schweizerkas ist Zahlmeister
3	1629	Feldlager	Überfall und Gefangenschaft, Tod Schweizerkas', Courage verleugnet toten Sohn
4	1629	Vor einem Offizierszelt	Courage führt Gespräch mit jungem Soldaten
5	1631	In einem zerschossenen Dorf	Verwundete werden versorgt
6	1632	Bayern Vor Ingolstadt	Begräbnis Tillys, Kattrin wird verwundet
7	1632	Landstraße	Courage auf dem Höhepunkt ihrer Laufbahn

SZENE	ZEIT	ORT	HANDLUNG
8	1632	Feldlager	Koch und Yvette kommen zur Courage, Hinrichtung Eilifs
9	1634	Fichtelgebirge Vor einem halb zerfallenen Pfarrhaus	Koch macht Courage Antrag, sie lehnt ab und zieht mit Kattrin weiter
10	1635	Mitteldeutschland Landstraße	Courage und Kattrin ziehen durchs Land
11	1636	Bei Halle Neben einem Bauernhaus	Geplanter Überfall auf die Stadt wird durch Kattrin vereitelt, sie wird erschossen
12	1636	Neben dem Bauernhaus	Courage zieht allein weiter

Chronik

Die Bezeichnung *Chronik* im Untertitel des Stücks verweist auf den epischen Charakter des Ganzen.

> „Die drei Einheiten der aristotelischen Dramaturgie sind hier völlig aufgehoben: Die Handlung erstreckt sich über einen Zeitraum von zwölf Jahren – vom Frühjahr 1624 bis zum Januar 1636 – mit Zeitsprüngen von mehreren Jahren. Der Schauplatz ist ganz Mitteleuropa mit seinen nördlichen und östlichen Randgebieten: Die ersten beiden Bilder spielen in Südschweden und Polen, die übrigen, soweit sie überhaupt zu lokalisieren sind, in verschiedenen Gegenden Deutschlands. Eine Handlung im eigentlichen Sinne ist nicht zu erkennen: Das Stück besteht aus einer Folge einzelner, locker aneinandergefügten Episoden, die nur durch die Identität der darin auftretenden Personen miteinander verbunden sind. Jede dieser Episoden ist gleichsam ein Einakter, ein kleines Drama für sich. Die Brücke von einem Bild zum anderen wird durch projizierte Titel geschlagen. Sie

Handlungszeitraum 12 Jahre

Folge lockerer Episoden

haben nicht nur die Funktion, das Publikum über Zeitpunkt und Schauplatz des Geschehens zu informieren, sondern heben auch, indem sie den Inhalt vorwegnehmen, die Spannung auf, die den Zuschauer an die Handlung als solche fesselt, und schaffen somit die Voraussetzung für eine distanzierte, kritische Beobachtung. Dem gleichen Zweck dienen die zahlreichen, von Ernst Dessau komponierten Songs, die unmittelbar aus der Handlung hervorgehen, sie interpretieren und reflektieren."[9]

Trotz der lockeren Aneinanderfügung der einzelnen Episoden sind doch

Abfolge der Bilder nicht willkürlich

„Figuration, Zeitablauf und szenische Auswahl nicht willkürlich. Unabhängig von den Daten der Geschichte sind die einzelnen Szenen so auf die 12 Jahre der Spielhandlung verteilt, dass sie Höhepunkte, Wendepunkte oder beispielhaft Alltägliches im Leben der Courage aufgreifen: die Verunstaltung Kattrins, den Tod der Kinder oder geschäftlichen Wohlstand. Jede Szene hat dazu Bedeutung für das Verhältnis der Mutter zu ihren Kindern, hier liegen die Verknüpfungspunkte der Handlung. Die offene Szenenstruktur des Stückes ermöglicht dem Zuschauer dabei, das Ganze in den Teilen wiederzufinden, von außen Stellung zu nehmen und den subjektiven Horizont der Figuren zu überschreiten."[10]

---

9 Heinz Tischer, *Bertolt Brecht: Mutter Courage und ihre Kinder*, in: Kleines deutsches Dramenlexikon, hrsg. v. Jakob Lehmann, Königstein, 1983, S. 35.
10 Dieter Thiele, *Bertolt Brecht: Mutter Courage und ihre Kinder*, S. 28.

Titularien

Diese Außenstellung des Zuschauers ermöglichen auch die den einzelnen szenischen Bildern vorangestellten ‚Titularien'. Diese Titularien sind „vorangestellte Inhaltsangaben, die sich gegen die dramatische Umsetzung stellen; sie sind ‚episch', insofern sie ‚erzählen', aber auch insofern sie die ‚dramatische' Spannung auflösen: Sie verraten den Inhalt der Szenen im Voraus, lenken das Interesse vom ‚Was' des Dargestellten auf das ‚Wie' der Darstellung."[11]

Interesse wird vom ‚Was' auf das ‚Wie' gelenkt

Titularien fordern auch die Aufmerksamkeit des Zuschauers dadurch heraus, dass sie den Sinn durch eine uneindeutige Formulierung zunächst für den Zuschauer offenlassen, so dass sich der Zuschauer erst nach Betrachtung der ganzen Szene einen ‚Reim' auf die offene Formulierung des epischen Szenenvorspanns machen kann; z.B. sagt der Titel „*Mutter Courage singt das Lied von der großen Kapitulation*" (S. 55) zunächst wenig über die Art der Kapitulation aus. Erst wenn das Lied gesungen ist, weiß der Zuschauer, dass hier mit Kapitulation das Kapitulieren vor der herrschenden Gewalt gemeint war.

Das Drama entspricht also keineswegs dem Muster der aristotelischen Tragödie.

> „Es ist weder zeitlich noch handlungsmäßig gestrafft, auf ‚prägnante' dramatische Situationen geschürzt: Es fährt vielmehr dahin wie der Planwagen, das Symbol des Ablaufs. Es gibt keinen eigentlichen Beginn und kein eigentliches Ende; die Handlung beginnt inmitten der Chronik; sie erscheint wie willkürliches Eintauchen in den Fluss eines unübersehbar weiträumigen Geschehens (Hinck). Die Öffnung geschieht vor allem zur Zu-

Der Planwagen: Symbol des Ablaufs

---

11 Jan Knopf, *Brecht-Handbuch*, S. 190.

kunft hin: Obwohl die Chronik aus dem Dreißigjährigen Krieg stammt, postuliert das Lied am Ende – wie auch das Titularium ‚Der Krieg ist noch lange nicht zu Ende' – einen ‚hundertjährigen Krieg'. Die Handlung ist fortsetzbar und für den Zuschauer in doppelter Weise ‚historisierend' rezipierbar: Der Krieg, den das Drama schildert, setzt sich fort, solange seine Gesetze herrschen – der zeitgenössische Krieg zeigt, dass die Gesetze noch herrschen und er spiegelt sich im historischen wider. Offen ist das Drama auch im Hinblick auf die Hauptperson: Ihr Schicksal wird nicht zu Ende erzählt; am Ende steht vielmehr symbolhaft ihre Illusion, es gäbe noch Hoffnung ... Diese Offenheit des Schlusses gibt in Aufnahme und Umwertung der ‚tragischen Ironie' (die Tragik, die der Zuschauer, aber nicht der Held sieht, insofern für jenen ‚ironisch' ist) diese Ironie an den Zuschauer und seine Wirklichkeit weiter: Ihn ereilt die dargestellte Ironie der Geschichte, wenn er nicht sieht."[12]

Offenheit des Schlusses

Jan Knopf verweist außerdem auf einen bestimmten Typ der szenischen Gestaltung in der *Courage*, den er ‚Doppelszene' nennt. Es handelt sich dabei um die 2. und 3. Szene, in denen sich auf der Bühne eine doppelte Handlung abspielt: Courage mit Koch neben dem Zelt, in dem der Feldhauptmann mit Eilif ist (2); Kattrin führt ihre Pantomime mit den Sachen der Yvette auf, während die Courage mit Feldprediger und Koch hinter dem Planwagen debattiert (3). „Inhaltlich relativieren sich beide Handlungen gegenseitig und zeigen zugleich ihre Zusammengehörigkeit; vom Zuschauer aus gesehen, wie der Schluss des Dramas: er sieht mehr, als die Personen zu sehen vermögen."[13]

Die Doppelszene

12 ebd., S. 191.
13 ebd.

Teichoskopie als dramatische Technik

Auch die Teichoskopie (Mauerschau) als dramatische Technik wird für den Zuschauer nutzbar gemacht (6. Szene): Im Hintergrund zelebriert man Tillys Beerdigung, von der der Feldprediger berichtet, im Vordergrund zählt die Courage ihre Socken:

> „Die Weihe der großen Ereignisse ist [dadurch] komisch gebrochen. ... Diese Art der Doppelszenerie prägt außerdem die 11. Szene im Bauernhof: Die Aufmerksamkeit des Zuschauers gilt dem unsichtbaren Schauplatz der Stadt Halle. Gerade diese Szene, die die Schlafenden aufrütteln will, deutet die Relevanz der Doppelszenerie für den Zuschauer an: Auch er soll sehen, was ‚unsichtbar' zu sein scheint, auch er soll aufwachen und die Doppelszenerie seiner Wirklichkeit erkennen."[14]

Songs

Auffällig beim Aufbau der *Mutter Courage* ist auch die Integration der Songs. Fast jedes Bild hat seinen eingelagerten Song oder besteht sogar nur aus einem Song.

SZENE	HANDLUNG	LIED
1	Eilif wird angeworben	Lied der Mutter Courage
2	Courage trifft Eilif	Tanzlied des Eilif
3	Courage bei den Katholiken Courage trifft den Feldprediger	Lied vom Fraternisieren Horenlied
4	Courage unterhält sich mit jungem Soldaten	Lied von der großen Kapitulation
6	Unterhaltungen über den Krieg	Reiterlied
7	Man zieht weiter	Lied der Courage

---

14 ebd., S. 192.

SZENE	HANDLUNG	LIED
8	Eilif wird hingerichtet	Lied der Courage
9	Koch macht Courage einen Antrag, sie betteln um Essen	Lied von Salomon
10	Man zieht weiter	Lied von der Bleibe
12	Courage trauert um Kattrin Courage zieht allein weiter	Wiegenlied Lied der Courage

Integration der Songs

Zu den einzelnen Songs und ihrer Integration in die bestimmte Szene kann Folgendes festgestellt werden:

Lied der Mutter Courage (Szene 1)

Das ‚Couragelied', auch ‚Geschäftslied der Courage' mit dem die Courage auftritt, wird in den Szenen 7, 8 und 12 wiederholt. Mutter Courage stellt sich selbst mit diesem Lied vor, sie singt es als Geschäftsfrau, denn noch bevor sie zu singen beginnt, fragt sie der Feldwebel, wer sie sei, und sie antwortet mit einem einzigen Wort: „Geschäftsleut" (S. 8).

Themen des Liedes: Geschäft u. Tod

Mit ihrem Geschäftssinn hat dann auch das Lied zu tun, denn mit ihm wirbt sie bei den „Hauptleut" (ebd.), innezuhalten und das Fußvolk einen Augenblick verweilen zu lassen. Sie bietet dann ihre Waren feil, zunächst ihre Schuhe, in denen das Fußvolk besser laufen kann. Wenn das Fußvolk schon in die Schlacht marschieren soll, so will es schließlich gute Schuhe haben. Mit dieser Logik preist die Courage ihre Ware an; in der zweiten Strophe sind es die Esswaren. Hier verspricht sie, die Leute erst noch mit Wein und Wurst „kurieren" zu wollen, bevor sie in den Tod „marschieren" (S. 9). Geschäft und Tod sind die Hauptthemen des Liedes. Die Courage könnte also von Anfang an von dem Zusammenhang beider wissen, denn dieser Zusammenhang wird für ihr

Leben bzw. für ihr Verhältnis zum Geschäft und zu ihren Kindern bestimmend. Aber es scheint so, als sehe sie den Zusammenhang nur für den einfachen Soldaten, und bezieht ihn nicht auf sich selbst.

Als Refrain dieses Songs fungiert der zweite Teil der Strophe: „Das Frühjahr kommt. …" (S. 9)

Mit einem Verweis auf die Gesetzmäßigkeit der Natur, dass auf den Winter das Frühjahr folge, es also immer weitergehe, endet das Lied. Und trotz all der Todesfälle, mit denen sich die Courage innerhalb des Stückes konfrontiert sieht, macht sie doch weiter, macht auch sie sich ‚auf die Socken'. So wird auch das Couragelied am Ende des Stückes wieder aufgenommen, wenn auch im ersten Teil abgeändert, als sei die Courage zur Einsicht gekommen. Es heißt dort:

„Mit seinem Glück, seiner Gefahre
Der Krieg, er zieht sich etwas hin.
Der Krieg, er dauert hundert Jahre
Der g'meine Mann hat kein Gewinn.
Ein Dreck sein Fraß, sein Rock ein Plunder!
Sein halben Sold stiehlts Regiment.
Jedoch vielleicht geschehn noch Wunder:
Der Feldzug ist noch nicht zu End!
Das Frühjahr kommt! Wach auf, du Christ!
Der Schnee schmilzt weg! Die Toten ruhn!
Und was noch nicht gestorben ist
Das macht sich auf die Socken nun." (S. 107 f.)

Die Courage ändert sich nicht

So wenig, wie sich der Refrain geändert hat, hat sich auch die Courage geändert. Auch wenn es im ersten Teil der Strophe heißt, dass der kleine Mann aus dem Krieg keinen Gewinn gezogen habe, verfällt die Courage doch wieder in ihre alte Haltung einer Geschäftsfrau, als die sie sich gleich zu Beginn vorgestellt hat.

Tanzlied des Eilif (Szene 2)

Das Lied ist als Dialog zwischen einem ‚Weib' und einem Soldaten gestaltet. Das Weib scheint der realistische Part. Es weiß darum, dass das Schießgewehr schießt und das Spießmesser spießt. Aber der Soldat erwidert heldenhaft, er werde schon das Messer mit Händen auffangen.

Auch der Rat, sich vom Alter beraten zu lassen, verfängt bei dem Soldaten nicht:

„Doch der Soldat mit dem Messer im Gurt
Lacht' ihr kalt ins Gesicht" (S. 26).

So weit singt bezeichnenderweise Eilif das Lied. Mutter Courage, die sich während des Säbeltanzes von Eilif in der Küche aufhält, übernimmt nach der zweiten Strophe das Singen des Liedes.

Vorwegnahme des eigenen Schicksals

Ihr Part ist die eigentlich prophetische Vorwegnahme ihres eigenen Schicksals, das sie besingt, nur dass sie nicht das Weib ist, das den Tod des Soldaten betrauert, sondern sie wird am Ende des Dramas als Mutter den Tod ihrer Kinder betrauern und sich über den Tod ihres Sohnes hinwegtäuschen müssen. Die letzte Strophe heißt:

„Ihr vergeht wie der Rauch! Und die Wärme geht auch
Und uns wärmen nicht eure Taten!
Ach, wie schnell geht der Rauch! Gott behüte ihn auch!
Sagte das Weib vom Soldaten.
...
Und der Soldat mit dem Messer im Gurt
Sank hin mit dem Spieß, und mit riß ihn die Furt

Und das Wasser fraß auf, die drin waten.
Kühl stand der Mond überm Schindeldach weiß
Doch der Soldat trieb hinab mit dem Eis
Und was sagten dem Weib die Soldaten?
Er verging wie der Rauch, und die Wärme ging auch
Und es wärmten sie nicht seine Taten.
Ach, bitter bereut, wer des Weisen Rat scheut!
Sagte das Weib den Soldaten.“ (S. 27)

Lied vom Fraternisieren (Szene 3)

Liebe im Krieg ist das Thema des Dialogs, der dem Vortrag des Liedes vom Fraternisieren vorausgegangen ist. Yvette trägt es vor (S. 32). Sie war mit Pfeifenpieter, dem Koch, liiert, der sie verlassen hat. Von ihm ist in der 2. Strophe die Rede. Schließlich verbindet sich der Song noch mit den Versuchen der Mutter Courage, Kattrin vor den Gefahren der Liebe im Krieg zu warnen, muss sie doch mit ansehen, wie sich Kattrin den Hut der Yvette aufsetzt.

Liebe wird im Krieg zum Geschäft

Das Lied zeigt, wie auch die Liebe im Krieg zum Geschäft wird. Yvette verkauft sich als Hure an die Soldaten; die Courage verdient ebenfalls am Krieg, versucht aber gleichzeitig, ihre Tochter vor dem Fraternisieren zu bewahren. Zugleich zeigt der Song aber auch, wie im Krieg die scharfe Grenze zwischen Freund und Feind fällt. Die Grenze wird dort aufgehoben, wo es um das Geschäft geht. Lässt sich an ihm verdienen, treibt es die Hure mit Freund und Feind, ja der Feind wird ihr, der Hure, gar zum Freund. Mit ihm wird sich verbrüdert, fraternisiert; die Unterschiede zwischen Freund und Feind sind willkürlich wie die vorgegebenen Kriegsgründe.

Horenlied (Szene 3)

Verbindung zu Schweizerkas

Es handelt sich hier um das ‚Horenlied', gesungen vom Feldprediger. Dieser stellt auch die Verbindung zur Handlung her, indem er darauf verweist, dass solche „Fäll, wos einen erwischt, … in der Religionsgeschicht nicht unbekannt" (S. 46) seien. Mit solchen ‚Fällen' bezieht er sich auf Schweizerkas, der zuvor abgeführt worden ist, um ihn auszusagen zu zwingen, wo sich die Regimentskasse befindet. Schweizerkas leidet, und auch der Heiland hat gelitten. In den Worten des Feldpredigers: „Ich erinner an die Passion von unserm Herrn und Heiland. Da gibts ein altes Lied darüber." (ebd.) Die Verbindung zwischen der Schweizerkas-Handlung und der Passion Christi ist jedoch nur oberflächlich, denn das Schicksal des Sohnes der Courage kann keineswegs mit dem Leiden des Gottessohnes parallelisiert werden.

Ideologische Funktion

> „Das Lied steht im Widerspruch zu dem folgenden Vorgang" – wie Jendreiek richtig vermerkt – „und wird durch ihn verfremdet: Schweizerkas' Tod ist nicht das Ergebnis einer höheren, in Jesu Leiden sanktionierten Notwendigkeit, sondern die Folge der Geschäftstüchtigkeit seiner Mutter. Das Stück liefert mit dem Song und dem Vorgang antithetische Prämissen, die der Zuschauer auszuwerten hat: Die religiöse Interpretation verfälscht die historische Wirklichkeit. … Jesus wird im Lied des Feldpredigers als Mittel missbraucht, das Unglück der Welt zu heiligen und von seinen tatsächlichen Ursachen abzulenken."[15]
>
> Es hat somit ideologische Funktion.

---

15 Helmut Jendreiek, *Bertolt Brecht*, S. 202.

Lied von der großen Kapitulation (Szene 4)

Im 4. Bild steht Mutter Courages ‚Lied von der großen Kapitulation' (S. 58 ff.) im Vordergrund. Mutter Courage singt es zur Belehrung des jungen Soldaten, der sich beschweren will, und sie liefert mit dem Lied gleichzeitig eine Selbstcharakterisierung. Das Leben als Kapitulation scheint die von ihr aus dem bislang gelebten Leben gezogene Ansicht zu sein. Und wie der Soldat, so gibt auch die Courage am Ende der Szene klein bei, auch sie kapituliert (wieder einmal).

Selbstcharakterisierung der Courage

> „Indem die Courage es dem jungen Soldaten zur Warnung vorsingt, hält sie ihn von der Beschwerde ab und gibt auch ihre eigene Absicht auf. Das Selbst-Lernen durch die Belehrung modelliert dabei die didaktische Absicht des Stückes: Wenn der Zuschauer am Nicht-Lernen der Courage im gesamten Stück lernen soll, kann er hier sehen, wie die Courage sich selbst beim Wort nehmen könnte. Das Bewusstsein von Stückfigur und Zuschauer ist nicht identisch, denn gerade die Kapitulation, die sie lernt, ist vom Zuschauer zu kritisieren. Er erkennt den ganzen Kontext, Lied und die Folgerungen der Courage aus dem Lied, als falsch. Denn das durch den Doppelpunkt verfremdete und sich als falsch erweisende Denken im Spruch ‚Der Mensch denkt: Gott lenkt' und die Beifügung ‚Keine Red davon' werden in bezeichnender Formulierung (‚Darum denk ich, du solltest …') von der Courage aufgenommen, als sie dem Soldaten die Kapitulation rät und damit das Denken (des Menschen) und ihr eigenes infrage stellt."[16]

Didaktische Absicht des Stückes

---

16 Dieter Thiele, *Bertolt Brecht: Mutter Courage und ihre Kinder*, S. 32 f.

An die Stelle der großen Kapitulation müsse die große Rebellion treten, aber auch nur, wenn der Zorn „groß genug“ (S. 60) ist. Falsch sei es, auf Gott zu bauen, wie es das Sprichwort nahelegt: Der Mensch denkt, Gott lenkt. Gott lenkt nicht, da es keinen Gott gebe („Keine Red davon.“) Der Mensch müsse schon selber handeln, wenn er etwas verändern wolle.

Der Mensch muss selbst handeln

Reiterlied
(Szene 6)

Kriegserfahrung vs. Geschäft

Die Kriegserfahrung des Reiters, der im Krieg unter dem Gesetz des Todes bzw. der ihm nur noch verbleibenden Zeit („Der Reiter hat kein Zeit“, S. 67) steht, wird mit den merkantilen Ansichten des Krieges, wie sie die Courage formuliert, beiläufig konfrontiert.

Lied der Courage
(Szene 7)

In diesem Lied formuliert die Courage unverblümt und äußerst hellsichtig, was der Krieg sei:

„Der Krieg ist nichts als Geschäfte“

„Der Krieg ist nix als die Geschäfte
Und statt mit Käse ists mit Blei.“ (S. 75)

Die Courage befindet sich in Szene 7 auf dem Höhepunkt ihrer geschäftlichen Laufbahn, wie dem Szenentitel zu entnehmen ist. Und gleich zu Beginn der Szene äußert sie sich unmissverständlich: „Ich laß mir den Krieg von euch nicht madig machen. Es heißt, er vertilgt die Schwachen, aber die sind auch hin im Frieden. Nur, der Krieg nährt seine Leut besser.“ (ebd.)

Lied der Courage
(Szene 8)

Im Kriegslied, das an das in Bild 7 gesungene Lied der Courage anschließt, besingt die Courage den Krieg als etwas, das den Mann ernährt, dafür aber auch ernährt werden will. Der Mann braucht für den Krieg Pulver und Blei. Der Krieg braucht wiederum „Leut" (S. 89), die sich zum Regiment begeben. Dass sie selbst bereits dem Krieg ihre Kinder gegeben hat, kommt der Courage dabei nicht in den Sinn. Das muss der Zuschauer sich hinzudenken.

Lied von Salomon (Szene 9)

Im 9. Bild singen der Koch und die Courage das ‚Lied von Salomon, Julius Cäsar und anderen großen Geistern' (S. 93 ff.). Sie wenden sich damit an den Pfarrer, denn der strenge Winter und die nicht mehr gut gehenden Geschäfte zwingen sie zum Betteln. Die Quintessenz des Liedes ist, wie es nach der ersten Strophe der Koch formuliert, dass die Tugenden gefährlich sind „auf dieser Welt" (S. 93).

Tugenden seien gefährlich

Salomon, Cäsar, Sokrates und der Heilige Martin stehen für jeweils eine Tugend: für die Weisheit, die Tapferkeit, die Redlichkeit und die Selbstlosigkeit.

Nach der dritten Strophe sagt der Koch nochmals, was er durch das Lied und die dort besungenen Exempla demonstrieren will: „Denn die Tugenden zahln sich nicht aus, nur die Schlechtigkeiten, so ist die Welt und mößt nicht so sein!" (S. 95)

Beide, die Courage und der Koch, verweisen in einer letzten Strophe noch darauf, dass sie selbst ordentliche „Leut" seien, die zehn Gebote haltend und kreuzbrav. Sie appellieren so an die Pfarrersfamilie und deren Mitleid, zielen also in ihrer Selbstcharakterisierung darauf, dass man sich ihrer erbarme und Mitleid zeige, weil sie sich an den nicht bezahlt machenden Tugenden orientiert hätten. Sie setzen also ihren Gesang und dessen Inhalt bewusst taktisch beim Betteln ein.

Zum Salomon-Song führt Knopf aus:

Song als Erkenntnismöglichkeit

„Die Songs der Courage wenden sich an den Zuschauer als Adressaten, wobei ihr Inhalt einerseits zwar verallgemeinernd, andererseits aber durchaus im Gegensatz zum Dargestellten steht, ein Gegensatz, den der Zuschauer erst zu durchschauen hat: Sie stellen infrage, was die Handlung wie ‚selbstverständlich', wie ‚notwendig' vorführt. So gesehen sind die Songs also keine bloßen lukullischen Pausen, sondern Genuss vermittelnde Erkenntnismöglichkeiten. Als Höhepunkt der Song-Einlagen wird der Salomon-Song gewertet, der die Entscheidung der Courage zugunsten ihrer Tochter reflektiert: Auf der Grundlage dieser ‚existenziellen' Situation werden die bisherige Handlung zusammengefasst, die Sinnlosigkeit der ‚großen Historie' und ihre Verbundenheit mit der ‚kleinen' gezeigt, die Tugenden relativiert und die Ausweglosigkeit der ‚kleinen Leute' innerhalb der herrschenden Ordnung, die ihnen Nächstenliebe, Einhaltung der Gebote vorschreibt, sich selbst aber nicht daran hält, vor Augen gehalten. Es ist unvernünftig, sich menschlich zu verhalten; die Courage entscheidet sich aber für Tochter und Wagen: Zuviel ist bereits geopfert worden, es musste ja einen Sinn haben."[17]

Höhepunkt der Song-Einlagen

Jendreiek verweist darauf, dass

„die Bedeutung des Leitverses ‚Beneidenswert, wer frei davon' ambivalent ist: Er belegt und verfremdet, fungiert als Bestätigung des Geschehens und zugleich als Aufdeckung eines prinzipiellen sozialhistorischen Widerspruchs, die innerhalb der

---

17 Jan Knopf, *Brecht-Handbuch*, S. 192.

dramatischen Dimension vorbereitet wird und jenseits dieser Dimension im Bereich der Reflexion vom Publikum vollzogen werden muss. ... Die Erkenntnis, dass das Unglück von Menschen gewollt und gemacht wird, zieht die andere Erkenntnis folgerichtig nach sich, dass das Unglück des Tugendhaften ... nicht in der Beschaffenheit der Welt begründet ist, sondern in einer von Menschen errichteten Ordnung, die verändert werden muss, wenn Tugend möglich sein soll."[18]

Lied von der Bleibe
(Szene 10)

,Uns hat eine Ros ergetzet' (S. 98) ist ein Lied, das die Courage und ihre Tochter aus einem Bauernhaus hören. Die dem Lied eigene befriedete Stimmung und die dem Bauernhaus zugeschriebene idyllisch-friedliche Häuslichkeit kontrastieren aufs Schärfste mit der Situation der Courage. Zugleich entlarvt der fromme Gesang aus dem Haus „sein verlogenes religiöses Pathos: Angesichts der Courage wird die Selbstzufriedenheit zum Zeichen schuldhafter Asozialität."[19]

Lied kontrastiert mit Situation der Szene

Wiegenlied
(Szene 12)

Das ,Eia popeia' (S. 106), das die Courage ihrer toten Kattrin singt, ist ein Wiegenlied. Mit diesem Wiegenlied täuscht sich die Courage über den wahren Zustand der Tochter hinweg. Sie will nicht einsehen, dass ihre Tochter tot ist und dass sie diesen Tod weitgehend durch ihre geschäftstüchtige Haltung verursacht hat, denn es war nicht der Bauer und seine Rede über „die Kinder von

Wiegenlied als falscher Trost

---

18 Helmut Jendreiek, *Bertolt Brecht*, S. 205.
19 ebd., S. 206.

[seinem] Schwager" (S. 106), die Kattrin in den Tod trieben, sondern es ist die Abwesenheit der Courage gewesen, die Kattrin unbeschützt ließ. Dass die Courage die Wahrheit verdrängt, zeigt sich auch daran, dass sie der Bäuerin, auf deren Frage hin, ob sie denn niemand sonst habe, „wos hingehen könnten", antwortet: „Doch, einen. Den Eilif." (S. 107)

3.4 Personenkonstellation und Charakteristiken

ZUSAMMEN-FASSUNG

Mutter Courage:
→ die Marketenderin
→ Mutter von drei Kindern

und ihre Kinder:
Eilif verkörpert die Tugend der Tapferkeit
Schweizerkas verkörpert die Tugend der Redlichkeit
Kattrin verkörpert die Tugend der Menschlichkeit

außerdem:
Der Feldprediger – Verbindung von Kirche und Militär
Yvette Pottier – Lagerhure
Der Feldhauptmann – verlebter Aristokrat
Der Koch – Verbindung von Liebe und Geschäft

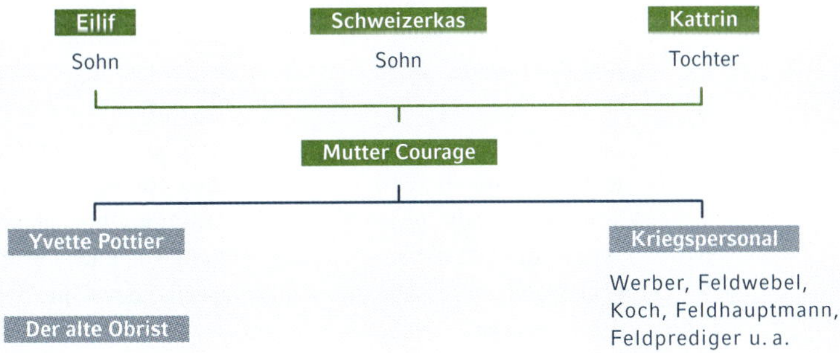

Figuren als Typen

„Die Figuren, die vom Autor in die Geschichte gesetzt werden, brauchen so nicht mehr zu sein als Typen, die als ‚Der Feldwebel', ‚Der Feldprediger', ‚Ein junger Mann' oder ‚Ein junger Bauer' ausreichend charakterisiert sind und als Vertreter eines Berufes, Standes oder einer Gruppe erscheinen. Selbst Kattrin, Eilif und Schweizerkas, bei denen die individuelle Namengebung schon zur Unterscheidung sinnvoll ist, fungieren als Kinder und Träger bestimmter Tugenden. Yvette Portier bleibt die Ausnahme. Ihre individuelle Charakterisierung ist, wiewohl sie als Lagerhure einer kriegstypischen Gruppe angehört, folgerichtig, da sie nicht nur als einzige Person im Stück ihr Glück am Krieg macht, sondern ihr sozialer Aufstieg sicher berufsuntypisch ist."[20]

Der Feldprediger

Verbindung von Kirche und Militär

Der Feldprediger ist die Figur, mit deren Hilfe Brecht vor allem die Verbindung von Kirche und Militär, genauer die ideologische Unterstützung der Militärs durch die Religionsvertreter, sowie die Verbrämung eines Machtkrieges als Glaubenskrieg sichtbar machen will.

Am Feldprediger zeigt sich, wie praktikabel Gottes Wort ist: Es vermag bei geschickter Handhabung jeder Situation den Sinn zu geben, der gerade nützlich ist und gebraucht wird.

„... Seine theologische Kunst dient der Relativierung des Gotteswortes auf eine jeweils situationsgemäße konkrete Nützlichkeit. Das Absolute ist nicht, wie vorgegeben, Gott und sein Wort, sondern der jeweils herrschende Zustand, die theologische Praxis der relativierenden Anpassung des Gotteswortes an die Interessen der herrschenden Gesellschaft, Religion nicht

---

20 Thiele, *Bertolt Brecht: Mutter Courage und ihre Kinder*, S. 28.

Werner Hinz als Feldprediger in der Aufführung des Stückes *Mutter Courage und ihre Kinder* im Deutschen Theater Berlin 1949
© ullstein bild – Abraham Pisarek

Dienst an Gott, sondern an der Gesellschaft, die gesellschaftliche Brauchbarkeit Sinn und Funktion Gottes.“[21]

Der Feldprediger selbst nennt sein Geschäft ‚Seelsorgerei‘:

Theologie als Dienst am Krieg

„Theologie ist zum Dienst am Krieg und im Interesse der Kriegsführenden geworden. Diese Servilität des Feldpredigers hat Brecht in seiner Modellinszenierung des Stückes dadurch herausgestellt, dass er ihn vor dem Feldhauptmann in der Haltung des Dienstboten zeigt: ‚Der Feldhauptmann läßt sich den brennenden Span für seine Pfeife von ihm holen und schüttet ihm einmal verächtlich Wein über den Priesterrock.‘ … Ehrgeiz und Stolz des Feldpredigers konzentrieren sich darauf, dass er die Ansprüche seiner Herren erfüllt. … Die Zubereitung der Menschen für den Heldentod ist der Sinn der Seelsorgerei des Feldpredigers, durch diese Zubereitung werden die Kriege ermöglicht. … Die Schlusswendung: ‚Ich predig, daß Ihnen Hören und Sehen vergeht‘ lässt diese Seelsorgerei als das erscheinen, was sie tatsächlich ist: Verfälschung der Wahrheit. … Das Selbstverständnis des Theologen enthüllt die eigentlichen Zwecke seines Geschäfts: Seine Predigt ist nicht angelegt auf die Offenbarung der Wahrheit, sondern auf ihre Verdrängung.“[22]

Feldprediger – schwächlicher Mensch

„Der Feldprediger in seiner bürgerlichen Existenzangst ist zweifellos ein schwächlicher Mensch. Wenn es ums Überleben geht, zieht er auch die Fahne des eben noch geschmähten Feindes auf. … Aber in seinem Zorn ist er der Einzige, der seiner Brotgeberin die Wahrheit zu sagen wagt: ‚Courage! Sie sind

---

21 Helmut Jendreiek, *Bertolt Brecht*, S. 168 f.
22 ebd., S. 171.

eine Hyäne des Schlachtfelds ... wenn ich Sie den Frieden entgegennehmen seh wie ein altes verrotztes Sacktuch, mit Daumen und Zeigefinger, dann empör ich mich menschlich; denn dann seh ich, Sie wollen keinen Frieden, sondern Krieg, weil Sie Gewinne machen.‘ (S. 82) Es ist zwar nur ein Eifersuchtsausbruch, aber der Feldprediger ist ehrlich in einer Situation, in der der Koch nur liebedienerisch taktiert.“[23]

Yvette Pottier

Brecht selbst führt zu Yvette aus:

„Die stumme Kattrin hat das Vorbild der Yvette vor Augen. Sie selbst muß schwer arbeiten, die Lagerhure trinkt und faulenzt. Auch für Kattrin würde die einzige Form der Liebe, die ihr im Krieg geboten wird, die Prostitution sein. In einem Lied zeigt Yvette, daß andere Formen zu schweren Schädigungen führen. Zuzeiten wird die Hure mächtig, indem sie sich teuer verkauft. Mutter Courage, die nur Stiefel verkauft, muß ihren Wagen verzweifelt gegen sie verteidigen. Moralisch verurteilt die Courage Yvette natürlich nicht, etwa wegen der besonderen Form ihres Handels.“[24]

Einzige Form der Liebe im Krieg: Prostitution

Der Obrist

Zum Obristen führt Brecht Folgendes in seinen Aufzeichnungen an:

„Der Obrist, den die Lagerhure anschleppt, ihr den Planwagen der Courage zu kaufen, ist schwer zu spielen, da er ein pures

„Pures Negativum“

---

23 Edgar Hein, *Bertolt Brecht, Mutter Courage und ihre Kinder*, S. 66.
24 Brecht, *Brechts Mutter Courage und ihre Kinder*, hrsg. v. Klaus-Detlef Müller, suhrkamp taschenbuch materialien, Frankfurt, 1982, S. 148 f.

Negativum ist. Die Figur hat nur zu zeigen, mit welchem Preis die Lagerhure ihren Auftritt erkauft; so muß sie grausig sein."[25]

Der Feldhauptmann

Zum Feldhauptmann gibt Brecht folgende Charakterisierung:

Verlebter Aristokrat

„Der Feldhauptmann wurde als verlebter Aristokrat dargestellt; die Befehle an den Koch brüllte er jedoch sehr laut. Im Übrigen benutzt er seine Ehrung des räuberischen Landsknechts als Demonstration für den Feldprediger, dessen Glaubenspropaganda den Krieg nicht weiterbringt."[26]

Der Koch

Die erotische Beziehung der Courage zu Pieter Lamb, der früher mit Yvette befreundet war, kommt bezeichnenderweise

Kommerz u. Liebe ergänzen sich

„durch die Geschäftsbeziehung in Gang. Kommerz und Liebe ergänzen sich. Beide sind sich in ihren materiellen Interessen einig. Verwandt zeigen sie sich aber auch in ihrer Respektlosigkeit vor den Mächtigen. Sie beherrschen die verdeckte Subversivität … perfekt und spielen einander, die Phrasen von Glauben und Freiheit hintersinnig verspottend, dabei verschmitzt die Bälle zu. … Die Courage nimmt den Rat des Kochs an. Er ist ihr als Geschäftspartner genauso willkommen wie als Liebhaber. Sie behandelt die Liebe wie alle ihre sozialen Beziehungen mit geschäftsmäßiger Nüchternheit."[27]

---

25 ebd., S. 149.
26 ebd., S. 142 f.
27 Edgar Hein, *Bertolt Brecht: Mutter Courage und ihre Kinder*, S. 67 f.

Helene Weigel als Mutter Courage in der Erstaufführung des Stückes im Deutschen Theater Berlin 1949 ©ullstein bild

Eilif, Schweizerkas, Kattrin

Tugenden der Kinder führen zu deren Tod

Auch die Kinder der Courage sind keine besonders stark individuell durchgeformten Figuren. Sie verkörpern ‚Tugenden': Eilif die Tapferkeit/Kühnheit, Schweizerkas die Redlichkeit und Kattrin schließlich die Menschlichkeit. Aber diese Tugenden gereichen ihnen in den Zeiten, in denen sie leben und handeln, zum Tode; unter den herrschenden gesellschaftlichen, vom Widerspruch regierten Zeiten wenden sie sich gegen ihren Träger. Eilif wird für jene Kühnheit zum Tode verurteilt, für die er zuvor ausgezeichnet wurde. Schweizerkas, dem man wegen seiner Redlichkeit die Verwaltung der Regimentskasse anvertraute, muss gerade wegen der redlichen Verwahrung der Kasse sein Leben lassen, denn er verkennt, dass ihn die Umstände der Zeit dazu zwingen, sich den veränderten Machtverhältnissen der Zeit anzupassen. Er muss sich dem ‚Recht' des jeweils Stärkeren beugen. Kattrin, als Vertreterin der Menschlichkeit, der Mitleidsfähigkeit und des Mitleidens, muss in dieser durch Widersprüche geprägten Zeit bezeichnenderweise ‚stumm' bleiben; und als sie durch ihr Trommeln laut Humanität einfordert, wird sie erschossen. Wo das Geschäft regiert, die Gesellschaft in einem dauernden ‚Kriegszustand' lebt, kann die Menschlichkeit nicht siegen.

Mutter Courage

Wie Brecht seine Mutter Courage gesehen wissen wollte, sei im Folgenden durch einige Brecht-Zitate verdeutlicht:

> Die Courage „erhofft und fürchtet den Krieg. Sie will sich beteiligen, aber nur friedlich geschäftlich, nicht kriegerisch. Sie will ihre Familie erhalten durch den Krieg und im Krieg. Sie will der Armee dienen und sich vor ihr retten.
> Zu den Kindern: Beim ersten Sohn fürchtet sie seine Kühnheit,

zählt auf seine Klugheit. Beim zweiten Sohn fürchtet sie seine Dummheit und zählt auf seine Ehrlichkeit. Bei der Tochter fürchtet sie ihr Mitleid und zählt auf ihre Stummheit. Nur ihre Befürchtungen werden sich als berechtigt erweisen. Sie erhofft sich Geschäfte, sie wird bankrott gehen."[28]

Aus den Notaten für die Berliner Aufführung 1949 sei folgende Stelle wiedergegeben:

„Die Courage ... erkennt zusammen mit ihren Freunden und Gästen und nahezu jedermann das rein merkantile Wesen des Kriegs: das ist gerade, was sie anzieht. Sie glaubt an den Krieg bis zuletzt. Es geht ihr nicht einmal auf, daß man eine große Schere haben muß, um am Krieg seinen Schnitt zu machen. Die Zuschauer bei Katastrophen erwarten ja zu Unrecht, daß die Betroffenen daraus lernen werden. Solang die Masse das Objekt der Politik ist, kann sie, was mit ihr geschieht, nicht als einen Versuch, sondern nur als ein Schicksal ansehen; sie lernt so wenig aus der Katastrophe wie das Versuchskarnickel über Biologie lernt. Dem Stückschreiber obliegt es nicht, die Courage am Ende sehend zu machen – sie sieht einiges, gegen die Mitte des Stückes zu, am Ende der 6. Szene, und verliert dann die Sicht wieder –, ihm kommt es darauf an, daß der Zuschauer sieht."[29]

Courage glaubt an den Krieg und lernt nicht aus ihm

Im Bertolt-Brecht-Archiv findet sich zur Courage-Figur folgende wichtige, aufschlussreiche Notiz:

---

28 Brecht, *Brechts Mutter Courage und ihre Kinder*, hrsg. v. Klaus-Detlef Müller, suhrkamp taschenbuch materialien, Frankfurt, 1982, S. 22.
29 ebd., S. 68.

> „Dialektik der Couragefigur
> die C. ist geschäftsfrau, weil sie mutter ist. sie kann nicht mutter sein, weil sie geschäftsfrau ist.“[30]

In den Notizen über die Dialektik auf dem Theater schreibt Brecht über seine Titelfigur Mutter Courage:

Courage kann ihre Kinder nicht beschützen

Tragik der Courage

> „Bei der üblichen Darstellungsart, welche Einfühlung in die Hauptperson bewirkt, kommt der Zuschauer in den Genuß eines eigentümlichen Genusses: eines Triumphs über die Unzerstörbarkeit einer lebenskräftigen, durch die Unbilden des Krieges heimgesuchten Person. Die aktive Beteiligung der Courage am Krieg wird nicht wichtig genommen, er ist eine Erwerbsquelle, möglicherweise die einzige. ... Die Courage erscheint hauptsächlich als Mutter, und Niobe gleich vermag sie ihre Kinder nicht vor dem Verhängnis Krieg zu schützen. Ihr Beruf als Händlerin und die Art, wie sie ihn ausübt, gibt ihr höchstens etwas ‚realistisch Unideales‘, nimmt dem Krieg aber nichts von seinem Verhängnischarakter. Er ist natürlich auch hier rein negativ, aber schließlich überlebt sie ihn, wenn auch verunstaltet. ... Die dem Publikum tief fühlbare Tragik der Courage und ihres Lebens bestand darin, daß hier ein entsetzlicher Widerspruch bestand, der einen Menschen vernichtete, ein Widerspruch, der gelöst werden konnte, aber nur von der Gesellschaft selbst und in langen schrecklichen Kämpfen. Und die sittliche Überlegenheit dieser Art der Darstellung bestand darin, daß der Mensch als zerstörbar gezeigt wurde, selbst der lebenskräftige.“[31]

---

30 ebd.
31 ebd., S. 93 f.

3.5 Sachliche und sprachliche Erläuterungen

Bild 1

S. 3	**Courage**	aus dem Französischen: Mut, s. dazu auch die Erläuterung zu ihrem Namen, die Mutter Courage selbst gibt (S. 9); eine Courage gibt es bereits als literarische Figur in Hans Jakob Christoffel von Grimmelshausens simplicianischem Roman mit dem Titel *Trutz Simplex: Oder Ausführliche und wunderseltzame Lebens/beschreibung Der Ertzbetrügerin und Landstörtzerin Courasche*, der 1670 in Nürnberg erschien
	Chronik	geschichtlicher Abriss in zeitlicher Reihenfolge: Brecht selbst möchte den Untertitel im Sinne des shakespeareschen Gebrauchs der Gattungsbezeichnung ‚history' für das Elisabethanische Theater verstanden wissen
	Dreißigjähriger Krieg	der einen großen Teil Europas in den Jahren 1618 bis 1648 überziehende Krieg (s. dazu auch Kap. 5, Materialien)
S. 4	**Paul Dessau**	Paul Dessau (1894–1979) schrieb in seiner amerikanischen Emigration die Musik zu den Songs, die seitdem verbindlich ist und an die Stelle der Kompositionen von Simon Parmet und Paul Burkhard trat
S. 6	**Feldhauptmann**	Führer eines Verbandes der Landsknechte
	Feldprediger	Feldgeistlicher
	Zeugmeister	die für die Waffen und das sonstige Kriegsmaterial zuständige Person beim Militär
	Feldwebel	höchste Rangstufe der Unteroffiziere
	Obrist	Oberst
	Fähnrich	jüngster Offizier der Infanteriekompanie; davor der Fahnenträger, ein besonders ausgesuchter, tapferer Mann

S. 7	**Oxenstjerna**	Axel Graf Oxenstjerna (1583–1654) entstammt einem alten schwedischen Adelsgeschlecht; er nahm ab 1621 an den Feldzügen von Gustav II. Adolf (1594–1632) gegen Polen teil; nach dem Tod von Gustav Adolf war er der Vormund der unmündigen Königin Christine und trug die Verantwortung für die schwedische Politik in Deutschland
	Dalarne	nordwestlich von Stockholm gelegene Landschaft
	Feldzug in Polen	der schwedisch-polnische Krieg dauerte von 1621 bis 1629
	Marketenderin	Händlerin, die im Feld oder bei Manövern die Truppen begleitete und sie mit den Lebensmitteln usw. versorgte, die von der Verwaltung nicht geliefert wurden
	Fähnlein	Heerestruppenteil im 16. u. 17. Jahrhundert, der aus ca. 300 bis 600 Mann bestand
	Ranken Käs	derbes Stück, Kantenstück des Käses
S. 8	**Registraturen**	Eintragungen in ein Register
	floriert	gedeiht, erfolgreich verläuft
	Maultrommel	Musikinstrument aus einem hufeisenförmigen Stahlrahmen, der mit dem Mund gehalten, und einer Feder, die mit dem Finger angerissen wird; der Ton wird durch die Stimme erzeugt
	Bagage	beim Militär: Gepäck- und Verpflegungstross
S. 9	**Zweites Finnisches Regiment**	das Großfürstentum Finnland gehörte im 17. Jahrhundert zu Schweden
	Riga	Hauptstadt Lettlands
S. 10	**Altötting**	Wallfahrtsort in Oberbayern
	Mähren	seit 1526 gehört Mähren zu Österreich
	umgestanden	verendet

S. 12	**Haxen**	krumme Beine
	Haderlump	liederlicher Mensch
S. 13	**Stulpenstiefel**	Stiefel mit einem umgekrempelten Stück (= Stulpen)
	Butzen	Kerngehäuse
S. 14	**das Zweite Gesicht**	Fähigkeit, Erscheinungen oder Visionen zu haben bzw. in die Zukunft zu blicken
S. 15	**Bankert**	uneheliches Kind
S. 16	**Lenz**	Frühling
S. 18	**Unzen**	altes Maß
	Handgeld	Geld, das zur Bekräftigung eines Vertrages gegeben wird

Bild 2

S. 20	**Kapaun**	kastrierter Masthahn
	Heller	kleine Münzeinheit
	Schwarte	dicke, hier dann die ausgedorrte Haut, die platzt
S. 21	**Leibmarsch**	Lieblingsmarsch
S. 22	**Mores**	Sitte, Anstand, Regeln
S. 23	**Lieblingsfalerner**	Falerner ist ein italienischer Rotwein
	geschlenkt	verprügelt
	glustig	gierig

S. 24	**Pharisäer**	hier: selbstgerechter, engstirniger Mensch; zunächst: Angehöriger der führenden altjüdisch religiös-politischen Partei seit dem 2. Jahrhundert vor Chr., die sich streng an das mosaische Gesetz hielt
	Was du dem geringsten …	Matthäus 25, 40
S. 25	**Semmel**	Brötchen
	Herkulesse	Menschen, die mit außergewöhnlichen Kräften ausgestattet sind
	Schlamper	schlampiger Mensch; jemand, der schlampt
S. 26	**Schindeldach**	Dach, mit Holzbrettchen (Schindeln) gedeckt

Bild 3

S. 31	**fraternisieren**	sich verbrüdern; auch das Liebesverhältnis zwischen Soldaten und den Frauen des Feindes
S. 32	**Geviert**	Rechteck
S. 35	**Die Polen hier in Polen …**	kann als Anspielung auf den Überfall der Deutschen auf Polen 1939 verstanden werden, mit dem der Zweite Weltkrieg begann
	Der Kaiser	Ferdinand II. von Habsburg
	Salzsteuer	Der Verbrauch von Salz ist besteuert
S. 36	**Großkopfige**	Leute in hoher Stellung
S. 38	**Babylonische**	gemeint ist die Hure nach der Hure Babylon in der Offenbarung Johannes, 17, 1–18: „Die große Babylon, die Mutter der Hurerei und aller Greuel auf Erden."
	sein Licht muß man unter den Scheffel stellen	s. Matthäus 5, 15: „Man zündet auch nicht ein Licht an und stellt es unter den Scheffel, sondern auf einen Leuchter; …."

S. 39	**Boshe moi!**	Mein Gott!
	Regimentsfahne	die zu einem Truppenteil gehörende Fahne
	Wes das Herz voll ist …	s. Matthäus 12, 34 und Lukas 6, 45
S. 40	**Antichrist**	der Teufel selbst bzw. der vom Teufel in der Endzeit gegen Jesus geschickte Gegner
	Revision	Überprüfung
S. 42	**Hoffart**	Dünkel, übersteigerter Stolz
S. 45	**Schankknecht**	Helfer am Ausschank, zumeist von alkoholischen Getränken
S. 46	**Horenlied**	Stundenlied; Brecht bezieht sich hier auf das Kirchenlied „Christus, der uns selig macht"
S. 47	**zerklübet**	zerborsten
	Schechr	die beiden zusammen mit Christus gekreuzigten Räuber bzw. Mörder = Schächer
S. 48	**reflektieren**	hier: (es) in Betracht ziehen, (es) in Erwägung ziehen
S. 52	**Hucke**	Gestell, auf dem Rücken platziert, zum Tragen von Lasten
S. 54	**Schindanger**	Ort, wo der Abdecker (Schinder) dem toten Vieh die Haut abzieht

Bild 4

S. 55	**Rittmeister**	Hauptmann bei der Kavallerie
	Bouque la Madonne!	Fick die Madonna!
	Stock	Folterinstrument, in das man mit Kopf, Händen und Füßen eingespannt wird

S. 58	**Häuslertochter**	Tochter eines Häuslers, d.h. eines Dorfbewohners, der zwar ein kleines Haus besitzt, aber ohne Landbesitz ist, so dass er sich seinen Lebensunterhalt durch Lohnarbeit und nicht durch Feldarbeit verdienen muss
S. 59	**Der Mensch denkt: Gott lenkt.**	s. Sprüche Salomons: „Des Menschen Herz erdenkt sich seinen Weg; aber der Herr allein lenkt seinen Schritt." (16, 9)
	man muß sich stelln	man muss sich gut stellen, sich die Gunst erhalten

Bild 5

S. 61	**Tilly**	Johann Graf von Tilly (1559–1632), Feldherr im Dreißigjährigen Krieg; seit 1630 Oberbefehlshaber des kaiserlichen Heeres
	Sieg bei Magdeburg	Tilly versuchte, durch die Erstürmung Magdeburgs ein weiteres Eindringen der schwedischen Truppen unter Gustav Adolf nach Mitteldeutschland zu verhindern, wurde aber am 17.9.1631 bei Leipzig geschlagen
S. 62	**Krampen**	Schreckgestalt
S. 63	**aasen**	verschwenden
	Pschagreff!	Verdammte Scheiße!

Bild 6

S. 64	**Inventur**	Bestandsaufnahme
S. 65	**Leibriemen**	Gürtel
	Chargen	hier: die Offiziere und Unteroffiziere, also höhere Dienstgrade, sind gemeint
	defilieren	vorbeiziehen
S. 70	**Donschuan**	Don Juan
S. 71	**Hackpflock**	Hauklotz

Bild 8:

S. 77	**Schlacht bei Lützen**	16. Nov. 1632
	Schwedenkönig	Gustav Adolf (1594–1632); nach seinem Tod übernahm Kanzler Axel Graf Oxenstjerna den Oberbefehl über die schwedischen Truppen
S. 78	**Marandjosef**	Zusammenziehung aus ‚Maria und Josef'
S. 80	**Schmalger**	Großsprecher
S. 81	**Sold**	Lohn des Soldaten
S. 82	**Sacktuck**	Taschentuch
	ins Aschgraue	ins Endlose
S. 85	**Gottes Mühlen mahlen langsam**	nach dem Gedicht von Friedrich von Logau: „Gottes Mühlen mahlen langsam, mahlen aber trefflich klein"
S. 86	**Piketten**	Spieße
S. 87	**Profos**	Verwalter der Militärgerichtsbarkeit

Bild 9

S. 91	**Klafter**	Längen- und Raummaß
S. 94	**Schierlingstrank**	der aus der Giftpflanze Schierling gewonnene giftige Trank, der bei den Griechen zur Hinrichtung verwendet wurde
S. 96	**Brennsupp**	Mehlsuppe

Bild 11

S. 105	**Gabel**	gabelförmig geteilte Stütze zum Auflegen des Gewehrs

Bild 12

S. 106	**Nachbars Bälg greinen**	die Kinder des Nachbarn weinen
S. 107	**Marodöre**	plündernde Nachzügler der Truppen
	Blache	Plane, Wagendecke

3.6 Stil und Sprache

ZUSAMMENFASSUNG

Um seinem Stück Zeitkolorit zu geben, durchsetzt Brecht den Text mit sprachlichen Anachronismen. Außerdem lässt er seine Figuren aus der gesellschaftlichen Unterschicht Umgangssprache sprechen.

Wichtiger an der Sprachgebung ist auch jener Aspekt, auf den Walter Hinck verweist:

> „Die Sprache verlangt ständige Wachheit gegenüber möglichen Finten, sie gewährt dem Zuschauer aber auch ein entdeckerisches Vergnügen. So ist die Dialogführung Mittel und Bestandteil der publikumsgerichteten Dramaturgie des Stückes. … Ideologiekritische Funktion haben die beiseite gesprochenen (im Text eingeklammerten) Bemerkungen der Courage: gestanzte, abgegriffene Redeweisen, mit denen man dem ‚Drang nach Höherem' zu ermutigen oder das Sich-einfügen in den ‚Gleichschritt' zu rechtfertigen versucht – Formeln wie ‚Alles oder nix', ‚Jeder ist seines Glückes Schmied' und ‚Wo ein Wille ist, ist ein Weg' oder ‚Man muß sich stelln mit den Leuten', ‚Mit dem Kopf kann man nicht durch die Wand' und ‚Man muß sich nach der Decke strecken'."[32]

Dialogführung – Mittel der Dramaturgie

32 Walter Hinck, *Bertolt Brecht Mutter Courage und ihre Kinder*, S. 169.

3.7 Interpretationsansätze

ZUSAMMEN-FASSUNG

Im Folgenden werden unterschiedliche Interpretationsansätze vorgestellt:
Dazu gehören Brechts eigene Äußerungen zu seinem Stück, außerdem eine Interpretation, die das Stück aus der Faschismustheorie Brechts ableitet und die Mutter Courage als typische Kleinbürgerin versteht; ein weiterer Ansatz liest die *Mutter Courage* als eine andere Form des Geschichtsdramas, in dem die Geschichte aus der Perspektive der kleinen Leute gesehen und der Dreißigjährige Krieg nicht als Religionskrieg, sondern als Bürgerkrieg gezeigt wird.
Eine weitere Lesart des Stückes ist, es als Tragödie und nicht, wie Brecht es wollte, als ‚Lehr'-Stück über den Krieg zu lesen.

Brechts Äußerungen zu *Mutter Courage und ihre Kinder*

Zunächst seien einige Äußerungen Brechts zusammengestellt, in denen er selbst Hinweise darauf gibt, wie er sein Stück interpretiert sehen will. Im *Arbeitsjournal* heißt es unter dem 5.1.1941:

„krieg als riesiges feld"

„die MUTTER COURAGE durchstudierend, sehe ich mit einiger zufriedenheit, wie der krieg als riesiges feld erscheint, nicht unähnlich den feldern der neuen physik, in denen die körper merkwürdige abweichungen erfahren. alle berechnungsarten des individuums, gezogen aus erfahrungen des friedens, versagen; es geht nicht mit kühnheit, es geht nicht mit vorsicht, nicht mit ehrlichkeit, nicht mit betrug, nicht mit brutalität noch mit mitleid, alles bringt untergang. aber es bleiben die kräfte, welche auch den frieden zu einem krieg machten, die unnennbaren.“[33]

Am 22.4.1941 notiert Brecht:

Mutter Courage als realistisches Werk

„warum ist die COURAGE ein realistisches werk? es bezieht für das volk den realistischen standpunkt gegenüber den ideologien: kriege sind für die völker katastrophen, nichts sonst, keine erhebungen und keine geschäfte.
es nimmt nicht den moralischen standpunkt ein, d.h., es geht nicht aus von der momentan herrschenden moral, ist aber sittlich.
für die handlungen der personen sind motive angegeben, welche, erkannt und berücksichtigt, die behandlung von menschen erleichtern.
das werk arbeitet mit dem gegenwärtigen bewußtsein der mehrheit der menschen.“[34]

Im Zusammenhang mit der Erstellung der Modellinszenierung fragt sich Brecht: „Was eine Aufführung von *Mutter Courage und ihre Kinder* hauptsächlich zeigen soll“ und führt dann aus:

Krieg – Fortführung der Geschäfte mit anderen Mitteln

„Daß die großen Geschäfte in den Kriegen nicht von den kleinen Leuten gemacht werden. Daß der Krieg, der eine Fortführung der Geschäfte mit andern Mitteln ist, die menschlichen Tugenden tödlich macht, auch für ihre Besitzer. Daß für die Bekämpfung des Kriegs kein Opfer zu groß ist.“[35]

---

33 Brecht, *Brechts Mutter Courage und ihre Kinder*, hrsg. v. Klaus-Detlef Müller, suhrkamp taschenbuch materialien, Frankfurt, 1982, S. 62.
34 ebd., S. 63.
35 ebd., S. 130.

Im Gespräch mit Friedrich Wolf sagt Brecht zur *Mutter Courage* als einem Stück des epischen Theaters und zu den von ihm intendierten Zuschauerreaktionen:

Episches Theater verzichtet nicht auf Emotionen

„Brecht: Es ist nicht der Fall – wiewohl es mitunter vorgebracht wurde –, daß episches Theater, das übrigens – wie ebenfalls mitunter vorgebracht – nicht etwa einfach undramatisches Theater ist, den Kampfruf ‚hie Vernunft – hie Emotion' (Gefühl) erschallen läßt. Es verzichtet in keiner Weise auf Emotionen. Schon gar nicht auf das Gerechtigkeitsgefühl, den Freiheitsdrang und den gerechten Zorn: es verzichtet so wenig darauf, daß es sich sogar nicht auf ihr Vorhandensein verläßt, sondern sie zu verstärken oder zu schaffen sucht. Die ‚kritische Haltung', in die es sein Publikum zu bringen trachtet, kann ihm nicht leidenschaftlich genug sein.
Wolf: Sie erklären in Ihren projizierten Zwischentexten vor den einzelnen Szenen die Handlung dem Zuschauer bereits voraus. Sie verzichten also bewußt auf die ‚dramatischen' Elemente der ‚Spannung', der ‚Überraschung'.
Brecht: Wie Spannung und Überraschung bei dieser Art Theater hergestellt werden, ist in Kürze nicht zu erklären. Das alte Schema ‚Exposition – Schürzung des Knotens – überraschende Lösung' ist ja schon in Historien wie König Johann oder Götz von Berlichingen außer acht gelassen. Eine Wandlung oder Entwicklung der Charaktere findet natürlich statt, wenn auch nicht immer eine ‚innere Wandlung' oder eine ‚Entwicklung bis zur Erkenntnis' – das wäre oft unrealistisch, und es scheint mir für eine materialistische Darstellung nötig, das Bewußtsein der Personen vom sozialen Sein bestimmen zu lassen und es nicht dramaturgisch zu manipulieren. …

Keine dramatische Manipulation

Wolf: Müßte diese Mutter Courage …, nachdem sie erkannt hat, daß der Krieg sich nicht bezahlt macht, nachdem sie nicht bloß ihre Habe, sondern auch ihre Kinder verlor, müßte sie am Schluß nicht eine ganz andere sein wie am Anfang des Stückes? …

Brecht: … In dem vorliegenden Stück ist … dargestellt, daß die Courage aus den sie betreffenden Katastrophen nichts lernt. Das Stück ist 1938 geschrieben, als der Stückeschreiber einen großen Krieg voraussah: Er war nicht überzeugt, daß die Menschen, an und für sich aus dem Unglück, das sie seiner Ansicht nach betreffen mußte, etwas lernen würden. Lieber Wolf, gerade Sie werden bestätigen, daß der Stückeschreiber da Realist war. Wenn jedoch die Courage weiter nichts lernt – das Publikum kann, meiner Ansicht nach, dennoch etwas lernen, sie betrachtend.

Brecht sah großen Krieg voraus

Ich stimme Ihnen darin absolut zu, daß die Frage, was für Kunstmittel gewählt werden müssen, nur die Frage sein darf, wie wir Stückeschreiber unser Publikum sozial aktivieren (in Schwung bringen) können. Alle nur denkbaren Kunstmittel, die dazu verhelfen, sollten wir, ob alte oder neue, zu diesem Zweck erproben."[36]

1954 notiert Brecht, sich dabei die Aktualität seines Stückes vor Augen haltend:

„Davon, daß die Courage nichts lernt aus ihrem Elend, daß sie nicht wenigstens am Schluß begreift, war viel die Rede. Wenige begriffen, daß gerade dies die bitterste und verhängnisvollste Lehre des Stücks war.

Lehre des Stückes: Courage begreift nicht

… Das Unglück allein ist ein schlechter Lehrer. Seine Schüler

---

36 ebd., S. 90–92.

lernen Hunger und Durst, aber nicht eben häufig Wahrheitshunger und Wissensdurst. Die Leiden machen den Kranken nicht zum Heilkundigen. Weder der Blick aus der Ferne noch der aus der Nähe machen den Augenzeugen schon zum Experten.

Unfähigkeit der Zuschauer, aus dem Krieg zu lernen

Die Zuschauer des Jahres 1949 und der folgenden Jahre sahen nicht die Verbrechen der Courage, ihr Mitmachen, ihr Am-Kriegsgeschäft-mitverdienen-wollen; sie sahen nur ihren Mißerfolg, ihre Leiden. Und so sahen sie den Hitlerkrieg an, an dem sie mitgemacht hatten: Es war ein schlechter Krieg gewesen, und jetzt litten sie. Kurz, es war so, wie der Stückschreiber ihnen prophezeit hatte. Der Krieg würde ihnen nicht nur Leiden bringen, sondern auch die Unfähigkeit, daraus zu lernen.

Mutter Courage und ihre Kinder läuft jetzt im sechsten Jahr. Es ist bestimmt eine glänzende Aufführung, große Künstler spielen darin. Etwas hat sich geändert, kein Zweifel. Das Stück ist heute kein Stück mehr, das zu spät gekommen ist, nämlich nach einem Krieg. Schrecklicherweise droht ein neuer Krieg. Niemand spricht davon, jeder weiß davon. Die große Menge ist nicht für den Krieg. Aber es gibt so viele Mühsale. Könnten sie nicht durch einen Krieg beseitigt werden? Hat man nicht doch ganz gut verdient im letzten, jedenfalls bis knapp vor dem Ende? Gibt es nicht doch auch glückliche Kriege?

Aktualität des Stückes

Ich möchte gern wissen, wie viele Zuschauer von Mutter Courage und ihre Kinder die Warnung des Stücks heute verstehen.“[37]

In einem fiktiven Gespräch legt Brecht nochmals dar, was er mit seiner *Mutter Courage* intendierte:

---

37 Bertolt Brecht, *Gesammelte Werke*. Bd. 17, S. 1149.

Carmen-Maja Antoni als Mutter Courage in der Inszenierung des Stückes von Claus Peymann am Berliner Ensemble 2005 ©ullstein bild – Lieberenz

„Zuschauer: Einige haben gesagt, das Stück ist am End nicht ganz richtig, weil es damit aufhört, daß die Marketenderin trotz des Unglücks, das sie getroffen hat, nichts gelernt hat.
Stückeschreiber: Schau um dich, da sind genug Leute, denen der Krieg Unglück gebracht hat. Wie viele von ihnen haben etwas gelernt? Ich meine: selber gelernt, ohne Hilfe, wie das die Courage müßte.

Dreißigjähriger Krieg als erster „Riesenkrieg"

Zuschauer: Du meinst, du willst einfach die Wahrheit zeigen?
Stückeschreiber: Ja, der Dreißigjährige Krieg ist einer der ersten Riesenkriege, die der Kapitalismus über Europa gebracht hat. Und im Kapitalismus ist es ungeheuer schwierig für den einzelnen, daß der Krieg nicht nötig ist, denn im Kapitalismus ist er nötig, nämlich für den Kapitalismus. Dieses Wirtschaftssystem beruht auf dem Kampf aller gegen alle, der Großen gegen die Großen, der Großen gegen die Kleinen, der Kleinen gegen die Kleinen. Man müßte also schon erkennen, daß der Kapitalismus ein Unglück ist, um zu erkennen, daß der unglückbringende Krieg schlecht, das heißt unnötig ist."[38]

Für eine Aufführung der *Courage* in Göttingen ist folgende Äußerung Brechts vom 30. Juli 1956 erhalten geblieben:

„Es wird jetzt, wo das deutsche Wirtschaftswunder und die Politik der Stärke in so drohender Weise Arm in Arm auftreten, besonders wichtig, die Courage als Händlerin zu spielen, die im Krieg ihren Schnitt machen möchte. Ihr Händlertum hält sie für Muttertum, aber es zerstört ihre Kinder, eines nach dem anderen."[39]

---

38 ebd.
39 ebd., S. 1150.

Literaturwissenschaftliche Interpretationen

Klaus-Detlef Müller interpretiert Brechts Stück zunächst aus seiner Entstehungszeit und Brechts Faschismustheorie heraus:

> „*Mutter Courage und ihre Kinder* entstand in den ersten Wochen des 2. Weltkrieges, den Brecht als die unvermeidliche Konsequenz der faschistischen Herrschaft seit 1933 vorausgesagt hatte. Folgerichtig, aber keineswegs unvermeidlich erschien Brecht hingegen das Einverständnis mit dem Krieg. In seiner ... Faschismustheorie leitet er sie aus dem Verständnis des Dritten Reiches als ‚Herrschaft des Kleinbürgers' her. Die Kleinbürger identifizieren ihre Interessen mit denen des Kapitals, das den Krieg benötigt: ‚Gewisse Schichten bekommen Ausschüttungen von der Ausbeute oder hoffen auf solche. Die andern haben den Unterschied zwischen dem Besitz von Produktionsmitteln und ihrem Besitz nicht begriffen.' Das führt zu einer Bejahung des Krieges: ‚Völker, die innerlich so aufgebaut sind wie die unsern, nämlich kapitalistisch, brauchen tatsächlich Kriege, um existieren zu können.' Aus dieser Logik des Verkehrten darf aber nicht die Illusion folgen, dass der kleine Mann vom Krieg auch profitieren könne. Das gilt ebenso für die kleinen Völker. Mit Sorge beobachtete Brecht, dass seine skandinavischen Exilländer sich mit dem Nazideutschland auf der Basis von Geschäften zu arrangieren versuchten."[40]

„Herrschaft des Kleinbürgers"

‚Notwendigkeit' des Krieges

Brecht räumt in dem Stück mit dem Vorurteil auf, es gäbe ‚Glaubenskriege'. Die Religion habe rein ideologische Funktion:

---

40 Klaus-Detlef Müller, *Bertolt Brecht. Epoche – Werk – Wirkung*, S. 281.

Religion – rein ideologische Funktion

„Niemand läßt sich darüber täuschen, daß hier durchaus kein Glaubenskrieg geführt wird, daß die Religion – wie jede Ideologie – nur Vorwand und Verschleierung der wirklichen Interessen ist: ‚Die Courage … erkennt zusammen mit ihren Freunden und Gästen und nahezu jedermann das rein merkantile Wesen des Kriegs: das ist gerade, was sie anzieht.'"[41]

Brecht selbst hatte im *Arbeitsjournal* geschrieben, worauf sich Müller beziehen kann:

„die Courage … bezieht für das volk den realistischen standpunkt gegenüber den ideologien: Kriege sind für die völker katastrophen, nichts sonst, keine erhebungen und keine geschäfte."[42]

Brecht hat sein Stück und dessen Figuren so konstruiert, dass vor allem die gesellschaftlichen Widersprüche erkannt und daraus die entsprechenden Folgen abgeleitet werden:

Mutter vs. Geschäftsfrau

„Der gesellschaftliche Widerspruch bestimmt die Figur: Als Händlerin bejaht die Courage im Krieg die Grundlage ihrer kleinen Geschäfte, als Mutter sieht sie durch ihn das Leben der Kinder bedroht: Mutter und Courage sind unvereinbare, letztlich vernichtende Gegensätze. Die Stärke der Courage, ihre Vitalität und Schlauheit, täuscht sie über ihre tatsächlichen Möglichkeiten. Sie führt ihre Familie in den Krieg – in der Zuversicht, sie zugleich aus den Kämpfen heraushalten zu können, sie ver-

---

41 ebd., S. 281 f.
42 Brecht, *Brechts Mutter Courage und ihre Kinder*, hrsg. v. Klaus-Detlef Müller, suhrkamp taschenbuch materialien, Frankfurt, 1982, S. 63.

steht den Händlerstandpunkt als eine neutrale und überlegene Position, die vom Widerstreit der Interessen profitiert.

Fatale Dialektik der Interessen

Dabei ergibt sich eine fatale Dialektik der Interessen, denn wenn der Geschäftsgeist sich aus dem Bestreben legitimiert, die Kinder heil durch den Krieg zu bringen, so führt die Tüchtigkeit der Händlerin doch praktisch dazu, dass sie ihre mütterlichen Interessen vernachlässigt: Eilif kommt ihr abhanden, als sie durch ein Geschäft abgelenkt ist; Schweizerkas findet den Tod, weil sie zu lange handelt; Kattrin wird verunstaltet und um ihre Lebenschancen gebracht, weil sie einen Auftrag der Händlerin ausführt, und sie stirbt, als die Courage in der belagerten Stadt ihren ‚Schnitt' zu machen versucht. Umgekehrt beeinträchtigen die mütterlichen Antriebe den geschäftlichen Unternehmungsgeist nur unwesentlich: Die Zweck-Mittel-Relation kehrt sich in der Handlungspragmatik um, weil die kurzfristigen Verhaltenszwänge planvolles Handeln nicht zulassen. Paradoxerweise siegt die Mütterlichkeit nur ein einziges Mal, als sich der Courage durch das Angebot des Kochs die Möglichkeit bietet, die Lebensform der Händlerin aufzugeben: aus Liebe zu Kattrin muss sie sich ***für*** den Krieg und ***für*** den Handel entscheiden. Aber auch die Konsequenz und Tüchtigkeit, mit denen die Courage sich der partiellen Rationalität ihrer geschäftlichen Interessen unterstellt, verhindert nicht ihren wirtschaftlichen Abstieg. Nicht nur die Mutter, auch die Händlerin wird ein Opfer des Krieges, weil sie nicht erkennt, ‚daß man eine große Schere haben muß, um am Krieg seinen Schnitt zu machen.'"[43]

Zweck-Mittel-Relation kehrt sich um

43 Klaus-Detlef Müller, *Bertolt Brecht. Epoche – Werk – Wirkung*, S. 282.

Daraus folgert Müller:

Kein Lernprozess bei der Courage

> „Brecht gesteht … seiner Protagonistin keinen Lernprozess zu. Das kleinbürgerliche Bewusstsein der Händlerin bleibt von ihren Erfahrungen unbelehrt. Nur ein einziges Mal, am Ende der 6. Szene, lässt sie sich dazu hinreißen, den für ihre Kinder vernichtenden Krieg zu verfluchen, aber schon der nächste Satz des Stückes lautet: ‚Ich laß mir den Krieg von euch nicht madig machen.' Die eigentliche Erkenntnis ist formspezifisch dem Publikum überlassen, das nicht mit den Figuren, sondern an deren Beispiel lernt."[44]

Andere Form des Geschichtsdramas

Jan Knopf sieht in Brechts Stück zunächst den Versuch, eine andere Form des Geschichtsdramas vorzulegen, nicht mehr ‚Helden'-Geschichte, sondern Geschichte aus der Perspektive der ‚kleinen Leute'. Brecht schriebe damit gegen die offizielle Historiografie an:

Neuer Held ist der gemeine Mann

> „Das Drama trägt den Untertitel *Eine Chronik aus dem Dreißigjährigen Krieg*; der Terminus ‚Chronik', so bestätigt Brecht später, entspreche gattungsmäßig etwa der Bezeichnung ‚History' in der ‚Elisabethanischen Dramatik'. Zu erwarten wäre danach die Darstellung von Personen und Ereignissen, die auch in der offiziellen Historiografie ihren Platz finden: So beschrieben die Dramen Shakespeares die Schicksale von Königen. … Die ‚Chronik' von Mutter Courage und ihren Kindern dagegen spielt nicht mehr unter den welthistorischen Individuen, ihr neuer Held ist der ‚gemeine Mann', sind die ‚kleinen Leute', die die historische Zeit, die Chronik, ganz anders er-

---

44 ebd., S. 283.

zählen als die Historiografie. ... Die klassische Historie der Tradition, die unter Heerführern, Fürsten, Königen (und ihren Damen) spielt, wendet Brecht zur Darstellung der Schicksale von ‚kleinen Leuten' um: Die Geschichte und ihre Zeit wird nicht mehr an den welthistorischen Individuen gemessen, es sind die Massen, die die historischen Daten setzen. ... Die Einsetzung des neuen Personals jedoch macht es noch nicht zum Träger der ‚History': Im Gegenteil sind die ‚kleinen Leute' allenthalben die Opfer, und zwar die Opfer der großen Geschichte, von der sie – lediglich reagierend – bestimmt werden. Geändert hat sich nur der Blick auf die Geschichte, statt der Täter: die Opfer, statt Staatsaktionen: die kleinen Geschäfte. ... Mit dem neuen, plebejischen Blick erhält nicht nur eine mögliche alternative historische Macht Bedeutung zugestanden, auch die Bewertung der ‚großen Ereignisse' fällt anders aus: Sie zu zeigen, bewusst zu machen, darum geht es vor allem in Brechts Drama, gilt doch, wie es die Courage formuliert: ‚Die Siege und Niederlagen der Großkopfigen oben und der von unter fallen nämlich nicht immer zusammen.' ‚Im allgemeinen kann man sagen, daß uns gemeinen Leuten Sieg und Niederlag teuer zu stehn kommen.' Diese Tatsache ... bewertet den Dreißigjährigen Krieg, den ‚großen' Glaubenskrieg, ganz neu: In der Historiografie ist er die Geschichte machende Auseinandersetzung zwischen Katholizismus und Protestantismus, bei Brecht dagegen – aus der Perspektive der ‚kleinen Leute' – besteht der Gegensatz zwischen ‚Oben' und ‚Unten', während der Glauben nur propagandistische Phrase ist, der gewechselt wird, je nachdem wer gerade der Sieger ist. ... Der Dreißigjährige Krieg ist bei Brecht nicht der Glaubenskrieg: Er

Schicksale der ‚kleinen Leute'

Kleine Leute Opfer der großen Geschichte

Gegensatz zwischen ‚Oben' u. ‚Unten'

Dreißigjähriger Krieg ist Bürgerkrieg

> ist Bürgerkrieg; der plebejische Blick legt den verborgenen Krieg zwischen ‚Oben' und ‚Unten' frei."[45]

Brecht demonstriere – nach der Interpretation von Knopf – in seinem Stück, dass

Schlechte Ordnung als Ursache dafür, dass Menschen schlecht sind

> „nicht die Schlechtigkeit der Menschen, das Tier im Menschen, das metaphorisch immer wieder angesprochen ist, die ‚verkehrte Welt' bewirkt, umgekehrt vielmehr ist die schlechte Ordnung Ursache dafür, dass die Menschen schlecht sind, indem sie ‚das Unterste zuoberst in die Menschen' kehrt: ‚In einem guten Land brauchts keine Tugenden, alle könne ganz gewöhnlich sein, mittelgescheit und meinetwegen Feiglinge.'"[46]

Über das Verhältnis von Handel und Krieg führt Knopf aus:

Der Kleinkrieg der Courage unterstützt den großen Krieg

> „Der Handel ist ... ein Krieg, ein ‚Kleinkrieg' um den Gewinn, auch er hat Opfer, nämlich die Kinder. ... Die Courage trägt mit ihrem Kleinkrieg, den großen Krieg in ihrem Verhalten fortsetzend, mit: Sie unterstützt den großen Krieg aktiv. ... So ist die Courage in Bezug auf Krieg und Geschäft von zwei Widersprüchen bestimmt: Ihr Handel ist Fortsetzung und aktive Unterstützung des großen Kriegs – aber sie will mit ihm nichts zu tun haben; sie braucht den Krieg, um Gewinn zu machen – aber der Krieg ruiniert sie und nimmt ihr die Kinder, um derentwillen sie doch handeln zu müssen glaubte."[47]

---

45 Jan Knopf, *Brecht-Handbuch*, S. 185 f.
46 ebd., S. 186.
47 ebd., S. 187.

Zu den Kindern der Courage schreibt Knopf im Einzelnen:

> „Schweizerkas: Seine Redlichkeit ist mit Dummheit gepaart; er erscheint schon wesentlich abhängiger von der Mutter [als Eilif]: Sie besorgt ihm die ‚für ihn richtige Stelle', sie redet ihm ein, immer ‚redlich' zu sein, weil er so am besten ‚draußenbleiben' könne, aber, indem sich Schweizerkas an den Rat der Mutter hält, liefert er sich selbst aus; die noch mögliche Rettung des Sohnes verhindert sie wegen des damit verbundenen geschäftlichen Verlusts. …
>
> Kattrin, die bei der und für die Mutter arbeitet, ist ganz von ihr abhängig, schon wegen ihrer Stummheit: Die Mutter hindert sie nicht nur daran, auch nur ein wenig selbst zu leben, sie führt sie, um sie zu ‚bewahren', nur um so sicherer in den Ruin: Kattrin ist schon längst Opfer des Geschäfts der Mutter, ehe sie auch noch Opfer des Krieges wird; hingehalten mit der Aussicht auf Frieden, muss sie sehen, dass die Mutter den Frieden gar nicht will; ständig behütet vor Männern – da sie sonst Hure werde –, schickt die Mutter sie um des Geschäfts willen mitten in die Gefahr; gänzlich verunstaltet, wird ihr sehnlichster Wunsch, zu Kindern zu kommen, zur Schimäre. Die Freundliche verhärtet zusehends; ihr Gesicht, das Einzige, was an ihr geredet hat, wird starr. … Die stumme Kattrin ist die alternative Figur des Stücks, diejenige, die nicht nur über den plebejischen Blick verfügt, sondern ihn auch ‚lebt': Das geschieht in der 11. Szene, als sie die Stadt Halle vor dem gemeinen nächtlichen Überfall der kaiserlichen Truppen warnt. … Kattrin durchbricht den Kreis, indem sie redet: ‚Der Stein beginnt zu reden', formuliert die Inhaltsangabe. Diese metaphorische Wendung hebt alle guten und einsichtigen Reden der Courage im Nachhinein auf: Wenn dem Reden keine Tat, kein entsprechendes Verhalten

Schweizerkas' Redlichkeit

Kattrin – Opfer des Geschäfts u. Kriegs

Alternative Figur des Stückes: Kattrin

folgt, dann sind sie nur Geschwätz. Die Stumme lehrt die Redenden die richtige Sprache; diese Sprache ist die rebellische Tat, die Weigerung, weiterhin mitzumachen. Die stumme Kattrin findet ihre Identität in dem Moment, wo sie stirbt – die Kinder der Stadt Halle rettend, ist sie doch noch ‚Mutter' geworden: Sie gab ihr Leben durch eine soziale Tat. Mit Kattrin hat Brecht die Alternative im Drama gestaltet."[48]

Walter Hinck sieht in Brechts Drama nicht eine Anklage der Inhumanität des Krieges, auch nicht die Demonstration dessen, dass der Krieg fatalistisch hinzunehmen sei. Im Gegenteil:

Nährboden des Krieges: das Gewinnstreben

„Was demonstriert wird, ist nicht nur die Inhumanität des Krieges und die Notwendigkeit, ihn für alle Zeiten zu ächten. Es ist andererseits schon gar nicht die hereinbrechende und hinzunehmende Schicksalhaftigkeit des Krieges. Exemplarisch gezeigt wird eine der Bedingungen des Krieges (dass Brecht nur eine wahrhaben will, ergibt sich aus seinem Verständnis des modernen Krieges als Produkt des Kapitalismus …), gezeigt wird der Nährboden des Krieges: das Gewinnstreben, das sich vom Krieg Bereicherung erhofft."[49]

Daraus folgt für die *Courage*:

„Eine Absage an den Krieg in Form des Verzichts auf das Marketendergeschäft wäre erst dann eine Entscheidung von großem Gewicht gewesen, hätte erst dann den Fortgang des Krieges erschweren und [den] Kindern [der Courage] Sicherheit

48 ebd., S. 187 f.
49 Walter Hinck, *Bertolt Brecht Mutter Courage und ihre Kinder*, S. 163.

gewähren können, wenn sie von vielen ihresgleichen in ähnlicher Weise vollzogen worden wäre. Jene Handlungsebenen jedoch, auf denen die großen ‚Geschäfte' gemacht und die Entscheidungen über Krieg und Frieden getroffen werden, tauchen im Geschehenshorizont des Stückes gar nicht erst auf. ... Ja, der Preis für die Profite auf jener Ebene wird nur hier eingefordert; was sich dort als Schuld ansammelt, schiebt seine verheerenden, nun grausam paradox wirkenden Folgen auf die Unteren ab. In weitaus eindeutigerer Weise, als es Brecht in den Jahren 1938/39 ahnen konnte, wurde *Mutter Courage* zum Drama des Mitläufers (zu beziehen auch auf die Millionen von Mitläufern des kriegslüsternen Hitlerregimes)."[50]

Das Stück wurde zum „Drama des Mitläufers"

Reinhard Baumgart beleuchtet in seiner Studie die *Mutter Courage* unter einem Aspekt, der wieder an die frühen Inszenierungen der *Courage* erinnert und gegen den sich Brecht so sehr zur Wehr setzte, denn Baumgart findet eine gewisse Tragik in dem Stück, die Brecht nach seiner Auffassung nicht gelten lassen wollte. Baumgart führt aus:

Tragik im Stück

„Diese neue Witwe hat eben einen entscheidenden Fehler, den schon der Titel ankündigt: Sie ist im Neben- oder Hauptberuf auch Mutter. Das allein macht sie verletzbar und alle ihre Berechungen falsch. Die Courage überlebt zwar, doch als Mutter toter Kinder. ... Am Ende sehen wir die Courage so zäh, auf sich gestellt, verblendet, rücksichtslos – wie einen Mann. ... Diese Frau hat sich vollkommen eingestellt auf die Spielregeln einer verkehrten Welt: Ihre Kälte erhält ihr die Wärme, ihre Anpassung ist ihre Tapferkeit, der Schwindel ihre Wahrheit,

50 ebd.

Wahre Beschaffenheit einer falschen Welt

Rücksichtslosigkeit dient ihr als Vernunft. Immer verdeckt ihre Maske ihre Wahrheit und entdeckt damit die wahre Beschaffenheit einer falschen Welt, in der man nur hinter einer Maske überleben kann. ... Wenn die Courage ihren redlichen Sohn Schweizerkas, dessen Leben sie schachernd verspielt hat, nicht einmal als Toten wiedererkennen darf, wenn der Koch sich ins Vertrauen der Courage und in eine Lebensgemeinschaft mit ihr nur einschleichen kann, indem er ihr den Tod ihres zweiten Sohns verheimlicht, wenn die Stummheit der Tochter Kattrin ein ‚Gottesgeschenk' genannt wird, weil sie damit befreit ist vom Zwang, die Wahrheit zu sagen, dann erweist sich, wie in allen schlauen Überlebensspielen das Leben gerade erstickt wird. ... Übrig bleibt für die letzte Szene, entblößt von ihren Kindern, den Repräsentanten ihres abgespaltenen, besseren oder wahren Selbst, die Courage. Nicht ihr, nur uns wird klar, dass sie nun auch ihr kräftigstes Überlebensmittel, nämlich ihre Illusionslosigkeit verloren hat: Erst will sie nicht wahrhaben, dass die tote Kattrin mehr als nur schläft, dann rafft sie sich nur auf, weil sie den längst toten Eilif immer noch am Leben glaubt. So verschwindet die Frau, der man nichts vormachen konnte, die sich so redlich bemüht hat, nicht gut zu sein, als eine treuherzig Verblendete und gründlich Getäuschte, hoffnungslos hoffnungsvoll."[51]

Courage hat Illusionslosigkeit verloren

Anregungen durch Grimmelshausen

Grimmelshausen dürfte nur zu einem geringen Teil für Brechts Drama anregend gewesen sein. Anders als Brecht, der den Namen seiner Courage aus dem Französischen herleiten lässt (Mut, s. die Äußerung der Courage, S. 9), verweist ‚Courage' auf das Genital

---

51 Reinhard Baumgart, *Selbstvergessenheit*, S. 261–263.

der Erzählerin Lebuschka. Dem Simplicissimus legt die verschmähte Liebhaberin den Säugling ihrer Magd als angeblich gemeinsam gezeugtes Kind vor die Tür, obwohl sie, im Gegensatz zur brechtschen Courage, unfruchtbar war. Simplex nun revanchiert sich durch die Veröffentlichung dieser amourösen Abenteuer im *Simplicissimus*, worauf die Kompromittierte ihrerseits dem Simplex zum Verdruss und Widerwillen ihre pikanten, ihn bloßstellenden Memoiren, den ‚Trutz Simplex' diktiert und die von ihm gewahrte Anonymität selbst erst durchbricht. Erzählt wird, dem pikarischen Modell entsprechend, das ‚Leben einer Landfahrerin, wie sie anfangs eine Rittmeisterin / hernach eine Hauptmännin / ferner eine Leutenantin / bald eine Marketenderin / Mußquetirerin / und letztlich eine Zigeunerin abgegeben', wie es auf dem Titelblatt in typisch barocker Manier der Titelgebung heißt.

Anregung, den Dreißigjährigen Krieg aus Sicht des einfachen Volkes zu zeigen

Der Roman von Grimmelshausen ist keine gewichtige Vorlage im Sinne einer Quelle für die brechtsche *Courage* gewesen, die Brecht nur in ein Drama ‚übersetzt' hätte; wohl aber ist er eine wichtige Anregung für Brecht gewesen, den Dreißigjährigen Krieg aus der Froschperspektive, aus der Sicht des einfachen Volkes, heraus zu zeigen.

4. REZEPTIONSGESCHICHTE

ZUSAMMEN-FASSUNG

Die Uraufführung fand am 19. 4. 1941 im Zürcher Schauspielhaus unter der Regie von Leopold Lindtberg statt. Die Musik stammte von Paul Burkhard, das Bühnenbild hatte Teo Otto entworfen. Therese Giese spielte die Mutter Courage.

Die deutsche Erstaufführung fand am 11. 1. 1949 statt. Zusammen mit Erich Engel, Ruth Berlau, Helene Weigel, die die Courage spielte, entwickelte Brecht das ‚Courage-Modell', das 2. Modell nach der Zürcher *Antigone*-Aufführung.

Courage-Modell 1949

> „Mit geänderter Musik, unter Verwendung des Bühnenbilds von Teo Otto durch Heinrich Kilger, Brechts und Erich Engels Regie und mit geändertem Text verwirklichte Brecht mit Helene Weigel in der Hauptrolle seine Vorstellung vom Text. Die Inszenierung ist durchs ‚Courage-Modell 1949' auch mit Bildern hinreichend dokumentiert, indem Brecht die Einrichtung der Bühne, die Konstellationen und die Gesten ausführlich beschreibt. … Die Aufführung bleibt sechs Jahre lang erfolgreich, so lange nämlich wurde das Modell (1951 mit einer Neuinszenierung) immer wieder – auch im Ausland – verwirklicht (weit über 200-mal)."[52]

52 Jan Knopf, *Brecht-Handbuch*, S. 193 f.

5. MATERIALIEN

Der Dreißigjährige Krieg

Der Dreißigjährige Krieg war ein europäischer Religions- und Staatenkonflikt, der auf deutschem Boden 1618–1648 ausgetragen wurde. Seine Ursache waren ständische und religiöse Auseinandersetzungen im Reich. Der ständisch-konfessionelle Konflikt führte im Reich 1608 zur Gründung der unter kurpfälzischer Führung stehenden protestantischen Union, die als Gegenbündnis die katholische Liga unter Bayern hervorrief. Unter Rudolf II., der zu keinem Ausgleichsversuch bereit war, verschärften sich die Gegensätze so sehr, dass auch sein Nachfolger, Kaiser Matthias, ihrer nicht mehr Herr werden konnte. Unmittelbarer Anlass zum Ausbruch des Krieges wurde der Böhmische Aufstand. Der Krieg verlief in drei Phasen.

Europ. Religions- u. Staatenkonflikt

Anlass zum Ausbruch: der Böhmische Aufstand

Der Böhmisch-Pfälzische Krieg (1618–23): Die Absetzung König Ferdinands durch böhmische Stände und die Wahlannahme des pfälzischen Kurfürsten Friedrich V. weitete den Böhmischen Aufstand zum Reichskonflikt aus. Nach seiner Wahl zum Kaiser warf der konsequent gegenreformatorisch handelnde Ferdinand II. mit Unterstützung Spaniens und der Liga in der Schlacht am Weißen Berg das aufständische Böhmen nieder. Der Rekatholisierung und staatlich-zentralistischen Umorganisation Böhmens gingen drakonische Strafmaßnahmen, Enteignung adligen Grundbesitzes und Einführung absolutistischer Verordnungen voraus. In mehreren Schlachten wurde die Position des Kaisers gefestigt. Auch die Pfalz wurde erobert und die pfälzische Kur 1623 Maximilian I. von Bayern übertragen: Die Union löste sich auf.

Erste Phase (1618–1623)

Niedersächsisch-Dänischer Krieg (1625–29): Das Heer der Liga unter Tilly und das in kaiserlichen Diensten stehende Söldnerheer

Zweite Phase (1625–1629)

Wallensteins drangen auch nach Norddeutschland vor, dessen drohende Rekatholisierung Christian IV. von Dänemark veranlasst hatte, verbündet mit den Ständen des niedersächsischen Reichskreises und unterstützt von England und den Generalstaaten, um in den Krieg einzugreifen. Nach der Niederlage Christians bei Lutter am Barenberge und der Besetzung Jütlands musste sich Dänemark im Lübecker Frieden zur Neutralität gegenüber den Vorgängen im Reich verpflichten. Mit dem Restitutionsedikt, das die Protestanten zur Rückgabe aller seit 1552 eingezogenen geistlichen Güter verpflichtete, schien sich endgültig eine Kräfteverschiebung zugunsten des Katholizismus anzubahnen. Parallel dazu verliefen zentralistische Reichsverfassungsbestrebungen des Kaisers. Dies forderte auch den Widerstand der katholischen Fürsten heraus, insbesondere Maximilians I. von Bayern. Von Frankreich gestützt, setzten sie auf dem Regensburger Kurfürstentag 1630 die Entlassung Wallensteins durch, des Hauptmachtfaktors des Kaisers.

Dritte Phase (1630–1635)

Schwedischer Krieg (1630–35): Noch einmal erhielt Wallenstein, mit umfangreichen Vollmachten versehen, das Kommando über das kaiserliche Heer, als König Gustav II. Adolf von Schweden, beunruhigt durch die kaiserliche Machtposition an der Ostsee nach der Niederlage der deutschen Protestanten, in den Krieg eingriff, nach dem Sieg bei Breitenfeld rasch nach Süden vorstieß und 1632 Augsburg und München besetzte. Doch führte die unabhängige Politik Wallensteins, der die Schweden zurückdrängte (Tod Gustavs II. Adolf in der Schlacht bei Lützen am 16. November 1632), gleichzeitig aber in eigenmächtige Verhandlungen mit ihnen trat, zu seiner Ächtung durch den Kaiser und seiner Ermordung (1634). Die Niederlage Schwedens und des Heilbronner Bundes bei Nördlingen gegen kaiserliche und spanische Truppen leitete zum Frieden von Prag (1635) über, dem die meisten protestantischen Reichsstände beitraten. Der Kaiser verzichtete seinerseits auf die Durchführung des Restitutionsediktes, erhielt dafür aber den Oberbefehl über ein von den Reichsständen bereitzustellendes Heer.

Schwedisch-Französischer Krieg (1635–48): Der Krieg trat nun in eine neue Phase, da sich Frankreich mit Schweden verbündete und so das Prinzip der Staatsräson (Gegensatz Bourbon-Habsburg) über konfessionelle Erwägungen siegte. Doch konnte keine Seite den Kampf militärisch entscheiden. Nach zahlreichen Versuchen (seit 1644) der kriegsmüden Parteien, einen Frieden zu erreichen, schloss Kaiser Ferdinand III. am 24. Oktober 1648 den Westfälischen Frieden: mit Frankreich in Münster und mit Schweden in Osnabrück.[53]

Vierte Phase (1635–48)

Brecht zum epischen bzw. experimentellen Theater

> „Die Bühne begann zu erzählen. Nicht mehr fehlte mit der vierten Wand zugleich der Erzähler. Nicht nur der Hintergrund nahm Stellung zu den Vorgängen auf der Bühne, indem er auf großen Tafeln gleichzeitig andere Vorgänge an andern Orten in die Erinnerung rief, Aussprüche von Personen durch projizierte Dokumente belegte oder widerlegte, zu abstrakten Gesprächen sinnlich faßbare, konkrete Zahlen und Sätze zur Verfügung stellte – auch die Schauspieler vollzogen die Verwandlung nicht vollständig, sondern hielten Abstand zu der von ihnen dargestellten Figur, ja forderten deutlich zur Kritik auf.
> Von keiner Seite wurde es dem Zuschauer weiterhin ermöglicht, durch einfache Einfühlung in dramatische Personen sich kritiklos (und praktisch folgenlos) Erlebnissen hinzugeben. Die

Die Bühne ‚erzählt'

---

53 nach: *Meyers Enzyklopädisches Lexikon*, Artikel: Dreißigjähriger Krieg

Entfremdungsprozess

Darstellung setzte die Stoffe und Vorgänge einem Entfremdungsprozeß aus. Es war die Entfremdung, welche nötig ist, damit verstanden werden kann. Bei einem ‚Selbstverständlichen' wird auf das Verstehen einfach verzichtet.
Das ‚Natürliche' mußte das Moment des Auffälligen bekommen. Nur so konnten die Gesetze von Ursache und Wirkung zutage treten. Das Handeln der Menschen mußte zugleich so sein und mußte zugleich anders sein können."[54]

Zwei Schemata

„Dramatische Form des Theaters		Epische Form des Theaters
Die Bühne ‚verkörpert' einen Vorgang	→	sie erzählt ihn
verwickelt den Zuschauer in eine Aktion und verbraucht Aktivität	→	macht ihn zum Betrachter, aber weckt seine Aktivität
ermöglicht ihm Gefühle	→	erzwingt von ihm Entscheidungen
vermittelt ihm Erlebnisse	→	vermittelt ihm Kenntnisse
der Zuschauer wird in eine Handlung hineinversetzt	→	er wird ihr gegenübergesetzt
es wird mit Suggestion gearbeitet	→	es wird mit Argumenten gearbeitet
die Empfindungen werden konserviert	→	bis zu Erkenntnissen getrieben
der Mensch wird als bekannt vorausgesetzt	→	der Mensch ist Gegenstand der Untersuchung
der unveränderliche Mensch	→	der veränderliche und verändernde Mensch
Spannung auf den Ausgang	→	Spannung auf den Gang
eine Szene für die andere	→	jede Szene für sich
die Geschehnisse verlaufen linear	→	in Kurven
natura non facit saltus	→	facit saltus

54 Bertolt Brecht, *Der Zuschauer des dramatischen und epischen Theaters*, etwa 1936; zit. nach: Bertolt Brecht, Gesammelte Werke, Bd. 15, S. 264f.

„Dramatische Form des Theaters		Epische Form des Theaters
die Welt, wie sie ist	→	die Welt, wie sie wird
was der Mensch soll	→	was der Mensch muß
seine Triebe	→	seine Beweggründe
das Denken bestimmt das Sein	→	das gesellschaftliche Sein bestimmt das Denken“[55]

‚Vergnügungstheater'

„Der Zuschauer des dramatischen Theaters sagt: Ja, das habe ich auch schon gefühlt. – So bin ich. – Das ist nur natürlich. – Das wird immer so sein. – Das Leid des Menschen erschüttert mich, weil es keinen Ausweg für ihn gibt. – Das ist große Kunst: da ist alles selbstverständlich. – Ich weine über den Lachenden.

‚Lehrtheater'

Der Zuschauer des epischen Theaters sagt: Das hätte ich nicht gedacht. – So darf man es nicht machen. Das ist höchst auffällig, fast nicht zu glauben. – Das muß aufhören. – Das Leid dieses Menschen erschüttert mich, weil es doch einen Ausweg für ihn gäbe. – Das ist große Kunst: da ist nichts selbstverständlich. – Ich lache über den Weinenden, ich weine über den Lachenden.“[56]

„Die Menschen gehen ins Theater, um mitgerissen, gebannt, beeindruckt, erhoben, entsetzt, ergriffen, gespannt, befreit, zerstreut, gelöst, in Schwung gebracht, aus ihrer eigenen Zeit entführt, mit Illusionen versehen zu werden. All dies ist so selbstverständlich, daß die Kunst geradezu damit definiert wird, daß sie befreit, mitreißt, erhebt und so weiter. Sie ist gar keine Kunst, wenn sie das nicht tut.

---

55 zit. nach: ebd., Bd. 17, S. 1009 f.
56 Bertolt Brecht, *Aus Vergnügungstheater oder Lehrtheater?*; zit. nach: ebd., Bd. 15, S. 265 f.

Die Frage lautet also: Ist Kunstgenuß überhaupt möglich ohne Einfühlung oder jedenfalls auf einer andern Basis als der Einfühlung?

... Was konnte an die Stelle von Furcht und Mitleid gesetzt werden, des klassischen Zwiegespanns zur Herbeiführung der aristotelischen Katharsis? ... Welche Haltung sollte der Zuschauer einnehmen in den neuen Theatern, wenn ihm die traumbefangene, passive, in das Schicksal ergebene Haltung verwehrt wurde? Er sollte nicht mehr aus seiner Welt in die Welt der Kunst entführt, nicht mehr gekidnappt werden; im Gegenteil sollte er in seine reale Welt eingeführt werden, mit wachen Sinnen. War es möglich, etwa anstelle der Furcht vor dem Schicksal die Wissensbegierde zu setzen, anstelle des Mitleids die Hilfsbereitschaft?

Haltung des Zuschauers im ‚neuen' Theater

... Ich kann die neue Technik des Dramenbaus, des Bühnenbaus und der Schauspielweise, mit der wir Versuche anstellten, hier nicht beschreiben. Das Prinzip besteht darin, anstelle der Einfühlung die Verfremdung herbeizuführen.

Verfremdung statt Einfühlung

Was ist Verfremdung?

Einen Vorgang oder einen Charakter verfremden heißt zunächst einfach, dem Vorgang oder dem Charakter das Selbstverständliche, Bekannte, Einleuchtende zu nehmen und über ihn Staunen und Neugierde zu erzeugen. ... Die Haltung [einer Figur] wird verfremdet, das heißt, sie wird als eigentümlich, auffallend, bemerkenswert dargestellt, als gesellschaftliches Phänomen, das nicht selbstverständlich ist. ... Verfremden heißt also Historisieren, heißt Vorgänge und Personen als historisch, also als vergänglich darstellen. Dasselbe kann natürlich auch mit Zeitgenossen geschehen, auch ihre Haltungen können als zeitgebunden, historisch, vergänglich dargestellt werden.

Verfremden heißt Historisieren

Was ist damit gewonnen? Damit ist gewonnen, daß der Zuschauer die Menschen auf der Bühne nicht mehr als ganz unabänderbare, unbeeinflußbare, ihrem Schicksal hilflos ausgelieferte dargestellt sieht. Er sieht: ist so und so, weil die Verhältnisse so und so sind. Und die Verhältnisse sind so und so, weil der Mensch so und so ist. Er ist aber nicht nur so vorstellbar, wie er ist, sondern auch anders, so wie er sein könnte, und auch die Verhältnisse sind anders vorstellbar, als sie sind. Damit ist gewonnen, daß der Zuschauer im Theater eine neue Haltung bekommt. Er bekommt den Abbildern der Menschenwelt auf der Bühne gegenüber jetzt dieselbe Haltung, die er als Mensch dieses Jahrhunderts der Natur gegenüber hat. Er wird auch im Theater empfangen als der große Änderer, der in die Naturprozesse und die gesellschaftlichen Prozesse einzugreifen vermag, der die Welt nicht mehr nur hinnimmt, sondern sie meistert. … Das Theater legt ihm nunmehr die Welt vor zum Zugriff.“[57]

Neue Haltung des Zuschauers

---

57 Bertolt Brecht, *Was ist Verfremdung?* 1939/40; zit. nach: ebd., Bd. 15, S. 300 f.

6. PRÜFUNGSAUFGABEN MIT MUSTERLÖSUNGEN

Unter www.königserläuterungen.de/download finden Sie im Internet zwei weitere Aufgaben mit Musterlösungen.

Die Zahl der Sternchen bezeichnet das Anforderungsniveau der jeweiligen Aufgabe.

Aufgabe 1 *

Geben Sie den Inhalt des ersten Bildes wieder und zeigen Sie, inwiefern das erste Bild als Exposition des Stückes verstanden werden kann.

Mögliche Lösung in knapper Fassung:

INHALTSANGABE

Im Frühjahr 1624 mit ihrem Marketender-Wagen durch Südschweden ziehend, trifft die ‚Geschäftsfrau' Anna Fierling, bekannt unter dem Namen Mutter Courage, in Dalarne auf Werber, die ihr den Sohn Eilif für den Feldzug in Polen abspenstig machen und ihn hinterlistig entführen, während die Courage ihr Geschäft mit dem Feldwebel abwickelt. Sie weissagt dem Feldhauptmann Oxenstjerna den Tod, die Lose zeigen aber auch an, dass sie ihre eigenen Kinder verlieren wird.

ERLÄUTERUNG

Expositionellen Charakter hat das erste Bild insofern, als dort die Courage vorgestellt wird. Ein Teil ihrer Vorgeschichte wird erzählt, sie wird als mutige, also couragierte Geschäftsfrau eingeführt, die ihren Schnitt als Marketenderin vom Krieg machen will. Der Krieg wird also von Anfang an als Geschäft dargestellt. Der Feldwebel zeigt noch einen anderen Aspekt am Krieg auf.

Er behauptet, dass Frieden Schlamperei bedeute und nur Krieg Ordnung schaffe. Zugleich zeigt sich in der ersten Szene schon, dass die Courage ihre Kinder, an denen sie hängt, aus dem Krieg heraushalten will, aber genau dies wird ihr nicht gelingen. Schon am Ende der ersten Szene verliert sie Eilif.

Aufgabe 2 *

Interpretieren Sie das ‚Lied von der großen Kapitulation' und zeigen Sie seine Funktion innerhalb des Stückes auf.

Mögliche Lösung in knapper Fassung:

EINFÜHRUNG

Im 4. Bild steht dieses ‚Lied von der großen Kapitulation' im Vordergrund. Die Grundhaltung der Courage zu Krieg und Gesellschaft und einen Wesenszug von ihr kann man dem Lied entnehmen: „Man muß sich stelln mit den Leuten, eine Hand wäscht die andre, mit dem Kopf kann man nicht durch die Wand ... Und sie marschiern in der Kapell Im Gleichschritt ..." (S. 59 f.) So belehrt die Courage den jungen Soldaten, der noch an Gerechtigkeit glaubt, dass die Wut nicht lange anhalte, weil man den Geschäften zuliebe doch irgendwann kapitulieren müsse. Mit Hilfe der einzelnen Strophen kann man den Weg der Courage nachvollziehen:

ERLÄUTERUNG

1. Das junge, optimistische Mädchen hält sich für etwas Besonderes und will ihr Leben aus eigener Kraft gestalten („Alles oder nix, jedenfalls nicht den Nächstbesten, jeder ist seines Glückes Schmied, ich laß mir keine Vorschriften machen!" S. 58).
2. Die Erfahrungen zeigen, dass die hohen Ziele nicht zu verwirklichen sind, die Lebensumstände erlauben es nicht. Anpassung

ist angesagt („Man muß sich stelln mit den Leuten, eine Hand wäscht die andre, mit dem Kopf kann man nicht durch die Wand." S. 59).

3. Courage, die bereits kapituliert hat, beschwört noch einmal Optimismus und Selbstvertrauen herauf. Ihre Erfahrung hat sie von der Unmöglichkeit überzeugt, gegen den Strom schwimmen zu können („Man muss sich nach der Decke strecken!" S. 60). Mit der „Kapell" hat sich der Einzelne ins große Ganze zu fügen, er muss im Gleichschritt mitmarschieren.

INTERPRETATION

Das Leben als Kapitulation scheint die Quintessenz zu sein, die Mutter Courage aus dem bislang gelebten Leben gezogenen hat. Und wie der Soldat, gibt auch die Courage am Ende der Szene klein bei, auch sie kapituliert (wieder einmal). Die Kapitulation, die sie lernt, ist vom Zuschauer zu kritisieren, indem er erkennt, dass die von der Courage gezogenen Folgerungen falsch sind, denn das durch den Doppelpunkt verfremdete und sich als falsch erweisende Denken im Spruch „Der Mensch denkt: Gott lenkt." (S. 59) und die Beifügung „Keine Red davon!" (S. 59) werden in bezeichnender Formulierung („Darum denk ich, du sollst ...", S. 60) von der Courage aufgenommen, als sie dem Soldaten die Kapitulation rät und damit das Denken (des Menschen) und ihr eigenes in Frage stellt.

An die Stelle der großen Kapitulation müsste die große Rebellion treten. Falsch ist es, auf Gott zu bauen, wie es das Sprichwort nahelegt: Der Mensch denkt, Gott lenkt. Gott lenkt nicht, da es keinen Gott gibt („Keine Red davon!" S. 60) Der Mensch muss schon selber handeln, wenn er etwas verändern will.

Aufgabe 3 ***

Zeigen Sie den Einfluss der Kriegswirren auf Yvettes Leben und Charakter.

Mögliche Lösung in knapper Fassung:

BESCHREIBUNG/ CHARAKTERISIERUNG

Die Auftritte Yvettes verteilen sich auf drei Auftritte, zwei in der 3., einen in der 8. Szene. Diese gewähren Einblicke in ihr Leben und ihren Charakter. Jedes Mal bekommt der Zuschauer einen anderen Einblick, wobei erst im dritten Auftritt der entscheidende Einfluss der Kriegsbedingungen auf Yvettes Leben sichtbar wird. Auch sie hat einen starken Überlebenswillen, gleicht darin der Courage, aber sie bewahrt sich doch ein Stück Menschlichkeit.

Bei ihrem ersten Auftritt ist Yvette nur um ihre Rolle als erfolgreiche Lagerhure besorgt, die mit allen Soldaten, ob mit den eigenen oder den feindlichen, ihre Geschäfte machen will. Sie erweckt in dieser kurzen Szene nur den Eindruck, als ginge sie eben ihrem gewohnten Beruf nach, eifrig darum bemüht, jede Chance zu nützen, um aus der veränderten Kriegssituation möglichst großen Nutzen zu ziehen.

Der nächste Auftritt Yvettes erfolgt bereits in Begleitung ihres „uralten" Freundes (S. 48). Den Obristen nutzt sie aus, spielt ihren Fähnrich gegen ihn aus. Auch zur Courage pflegt sie ein rein geschäftliches Verhältnis, denn die Courage verspricht sich von dem Verhältnis der Yvette zum Obristen, dass sie ihren Planwagen an Yvette verkaufen kann, falls der Obrist ihr einen Marketenderhandel kaufen will. So hätte die Courage wieder Bestechungsgeld, um den Schweizerkas zu retten. Die Courage feilscht jedoch zu lang, um die Bestechungssumme herunterzuhandeln: Schweizerkas wird erschossen. Um sich nicht als seine Mutter zu verraten, die von der Existenz und dem Versteck der Kasse wusste, verleugnet die Courage ihren toten Sohn.

Als Yvette zum dritten Mal auftritt, tut sie das als Witwe des Obristen. Sie hat also „Karriere" gemacht. „Wenigstens eine, wos im Krieg zu was gebracht hat" (S. 84), meint die Courage angesichts der sichtlich von finanziellen Sorgen befreiten Freundin. Darauf antwortet Yvette ohne Stolz: „Auf und ab und wieder auf ists halt gegangen." (S. 84) Sie fühlt sich denen weiterhin verbunden, mit denen gemeinsam sie so lange Zeit ums Überleben gekämpft hat. Doch nun kann sie mit einem abrechnen, dem Koch. Sie zögert nicht, ihn vor allen anderen zu entlarven. Erst jetzt erfährt der Zuschauer, warum Yvette zur Lagerhure wurde: Als junges Mädchen war sie wie so viele andere auch vom Koch verführt worden.

In der achten Szene steht sie als Witwe eines Obristen vor dem Koch, der sie in die Laufbahn einer Hure geworfen hat. Ihre ganze Verachtung bricht hervor. Yvette ist trotz allen Leides, trotz aller sicherlich unvorstellbaren Schwierigkeiten, die ihr Leben im Regiment mit sich bringen mussten, eine stolze Frau geblieben, die ihren Wert kennt.

Aufgabe 4 ***

Zeigen Sie an dem Stück *Mutter Courage und ihre Kinder* Merkmale, die für das epische Theater, wie Brecht es sich vorstellte, typisch sind.

Mögliche Lösung in knapper Fassung:

AUFZÄHLUNG/ ERLÄUTERUNG

Einzelne Bilder; offener Anfang; offener Schluss.

Keine Psychologisierung der Figuren; die Figuren sollen kein Mitleid erwecken; der Zuschauer sollte jede Form der Identifikation mit den Figuren vermeiden; er soll das Handeln der Figuren aus einer kritischen Distanz wahrnehmen.

Zwischentitel, die die Aufmerksamkeit der Zuschauer nicht auf das Was der folgenden Szene lenken, sondern auf das Wie; allerdings: offene Titularien, die durch uneindeutige Formulierungen den Zuschauer zwingen, sich erst nach der Szene einen Reim auf die Formulierung machen zu können.

Doppelszenen, bei denen sich die übereinander gelagerten Handlungen gegenseitig relativieren.

Songs, die eingelagert werden und kommentierende Funktion übernehmen; Selbstverständliches wird durchbrochen; der Mensch wird zum Gegenstand der Untersuchung; die Frage nach der Vereinbarkeit von Humanität und Geschäft steht im Mittelpunkt.

Das gesellschaftliche Sein bestimmt das Bewusstsein; erzählt; das Epische statt des Dramatischen macht den Zuschauer zum reflektierenden Betrachter; kein Mitgefühl mit der Courage; sondern kritische Distanz ihr gegenüber; keine Tragik; da Zustände eigentlich veränderbar sind.

Ungewöhnliche Formulierungen: „Die Bestechlichkeit ist bei die Menschen dasselbe wie beim lieben Gott die Barmherzigkeit.

Bestechlichkeit ist unsre einzige Aussicht. Solangs die gibt, gibts milde Urteilssprüch, und sogar der Unschuldige kann durchkommen vor Gericht." (S. 51) Eine solche zum Nachdenken anregende Formulierung findet sich auch in einem der Songs: „Der Krieg ist nix als die Geschäfte / Und statt mit Käse ists mit Blei."

Oder eine minimale Veränderung kann aus dem Gewohnten etwas äußerst Ungewohntes machen: „Der Mensch denkt: Gott lenkt. / Keine Red davon!" (S. 59) Statt: „Der Mensch denkt, Gott lenkt."

Brechts Auffassung vom Realismus: „Realismus ist nicht, wie die wirklichen Dinge sind, sondern wie die Dinge wirklich sind."; nach dieser Devise ist das epische Theater das Mittel, zu zeigen, wie die Dinge wirklich sind, denn im Naturalismus wird nur die äußere Erscheinung kopiert, während der Realismus den Gegenstand interpretiert.

LITERATUR

Zitierte Ausgabe:

Bertolt Brecht: *Mutter Courage und ihre Kinder*. Frankfurt a. M., 2008 (= edition suhrkamp 49).

Ausgaben von *Mutter Courage und ihre Kinder*:

Bertolt Brecht: *Mutter Courage und ihre Kinder*. In: Versuche, Heft 9; Berlin/Frankfurt, 1949, S. 7–78; Anmerkungen: S. 79–82.

Bertolt Brecht: *Mutter Courage und ihre Kinder*. In: Stücke 7, Frankfurt, 1957, S. 61–204.

Bertolt Brecht: *Mutter Courage und ihre Kinder*. In: Historisch-kritische Ausgabe, hrsg. von Jan Esper Olsson, Frankfurt a. M., 1981. → Im Paralleldruck bietet diese Ausgabe den Urtext, den Ausgangstext der Inszenierung am Deutschen Theater 1948/49, den Text des Soufflierbuchs für die Neuinszenierung 1951 und den Text der Gesammelten Werke von 1967.

Bertolt Brecht: *Mutter Courage und ihre Kinder*. In: Bertolt Brecht, Werke. Große kommentierte Berliner und Frankfurter Ausgabe, hrsg. v. Werner Hecht, Jan Knopf, Werner Mittenzwei und Klaus-Detlef Müller, Berlin und Weimar/Frankfurt a. M., 1988–1998, Bd. 6, S. 7–87, 377–409.

Werke, Arbeitsjournal, Tagebücher, Briefe:

Brecht, Bertolt: *Gesammelte Werke*. Hrsg. v. Suhrkamp-Verlag in Zusammenarbeit mit Elisabeth Hauptmann. Werkausgabe edition suhrkamp. – 20 Bände, Frankfurt a. M., 1967.

6 Supplementbände (Texte für Filme – Arbeitsjournal – Gedichte aus dem Nachlass), Frankfurt a. M., 1969 ff.

Brecht, Bertolt: *Arbeitsjournal*. 3 Bde. Hrsg. v. Werner Hecht, Frankfurt a. M., 1973.

Brecht, Bertolt: *Tagebücher 1920–1922. Autobiographische Aufzeichnungen 1920–1954.* Hrsg. v. Herta Ramthun, Frankfurt a. M., 1975.

Brecht, Bertolt: *Briefe*. Hrsg. u. komm. von Günther Glaeser. 2 Bde. Frankfurt a. M., 1981.

Materialien:

Materialien zu Brechts Mutter Courage und ihre Kinder. Zusammengestellt von Werner Hecht, Frankfurt a. M., 1964 (es 50)

Brecht, Bertolt: *Brechts Mutter Courage und ihre Kinder.* Hrsg. v. Klaus-Detlef Müller, Frankfurt a. M., 1982 (stm 2016).

Brecht-Biografien:

Hecht, Werner (Hrsg.): *Bertolt Brecht. Leben und Werk im Bild.* Mit autobiografischen Texten, einer Zeittafel und einem Essay von Lion Feuchtwanger, Frankfurt a. M., 1986.

Kesting, Marianne: *Bertolt Brecht in Selbstzeugnissen und Bilddokumenten.* Reinbek, 1959. → Gut lesbare, übersichtlich angeordnete Biografie zu Brecht.

Mittenzwei, Werner: *Das Leben des Bertolt Brecht oder der Umgang mit den Welträtseln*. 2 Bde. Berlin/Weimar, 1986.

Schumacher, Ernst u. Renate: *Leben Brechts in Wort und Bild*. Berlin, 1978.

Völker, Klaus: *Bertolt Brecht. Eine Biografie*. München, 1978. → Kurze, gut lesbare Biografie zu Brecht.

Handbücher, Gesamtdarstellungen:

Arnold, Heinz Ludwig (Hrsg.): *Bertolt Brecht I u. II*. 2 Bde. München, 1972 u. 1973.

Baumgart, Reinhard: *Selbstvergessenheit. Drei Wege zum Werk von Thomas Mann, Franz Kafka, Bertolt Brecht.* München, 1989.

Benjamin, Walter: *Versuche über Brecht.* Frankfurt a. M., 1971.

Knopf, Jan: *Brecht-Handbuch. Theater. Eine Ästhetik der Widersprüche.* Stuttgart, 1980. → Wichtiges Nachschlagewerk zu Brecht, nicht immer ganz einfach zu lesen.

Knopf, Jan: *Brecht-Handbuch. Lyrik, Prosa, Schriften. Eine Ästhetik der Widersprüche.* Stuttgart, 1984.

Mayer, Hans: *Brecht in der Geschichte.* Frankfurt a. M., 1971.

Müller, Klaus-Detlef (Hrsg.): *Bertolt Brecht. Epoche – Werk – Wirkung.* München, 1985. → Gut lesbarer Überblick über Brechts Gesamtwerk.

Zu den Dramen Brechts und der Theorie des epischen Theaters:

Hecht, Werner: *Brechts Weg zum epischen Theater. Beitrag zur Entwicklung des epischen Theaters 1918 bis 1933.* Berlin, 1962.

Hinck, Walter: *Die Dramaturgie des späten Brecht.* Göttingen, 1959. → Darin auch Hinweise zu *Mutter Courage.*

Hinderer, Walter (Hrsg.): *Brechts Dramen. Neue Interpretationen.* Stuttgart, 1984.

Jendreiek, Helmut: *Bertolt Brecht. Drama der Veränderung.* Düsseldorf, 1969. → Darin auch ein Kapitel zu *Mutter Courage.*

Karasek, Hellmuth: *Bertolt Brecht. Der jüngste Fall eines Theaterklassikers.* München, 1978.

Klotz, Volker: *Dramaturgie des Publikums.* München, 1976.

Rischbieter, Henning: *Bertolt Brecht.* 2 Bde. Velber, 1970.

Schumacher, Ernst: *Die dramatischen Versuche Bertolt Brechts 1918–1933.* Berlin, 1955.

Interpretationen zu *Mutter Courage und ihre Kinder*:

Fowler, Kenneth R.: *The Mother of all wars. A critical interpretation of Bertolt Brecht's „Mutter Courage und ihre Kinder".* Montreal, 1997.

Geißler, Rolf: *Mutter Courage und ihre Kinder*. In: Zur Interpretation des modernen Dramas. Brecht, Dürrenmatt, Frisch, hrsg. v. Rolf Geißler, Frankfurt a. M., 101981, S. 24–39.

Hein, Edgar: *Bertolt Brecht, Mutter Courage und ihre Kinder*. München, 1997.

Hinck, Walter: *Die Dramaturgie des späten Brecht*. Göttingen, 1959, S. 43–45, 80–82.

Hinck, Walter: *Mutter Courage und ihre Kinder: Ein kritisches Volksstück*. In: Walter Hinderer (Hrsg.): Brechts Dramen. Neue Interpretationen. Stuttgart, 1984, S. 162–177. → Ausführliche und verständlich geschriebene Interpretation zu *Mutter Courage*.

Jendreiek, Helmut: *Bertolt Brecht. Drama der Veränderung*. Düsseldorf, 1969, S. 153–208.

Knight, Kenneth: *Simplicissimus und Mutter Courage*. In: Daphnis 5 (1976), S. 699–705.

Knopf, Jan: *Brecht-Handbuch Theater*. Stuttgart, 1980, S. 181–195.

Mennemeier, Franz Norbert: *Brecht, Mutter Courage und ihre Kinder*. In: Benno von Wiese (Hrsg.): Das deutsche Drama vom Barock bis zur Gegenwart. Düsseldorf, 1958, Bd. 2, S. 383–400. → In vielen Bibliotheken vorhandener Band von Drameninterpretationen, darunter zu *Mutter Courage*.

Müller, Klaus-Detlef (Hrsg.): *Bertolt Brecht. Epoche – Werk – Wirkung*. München, 1985, bes. S. 280–284.

Neubauer, Martin: *Bertolt Brecht: Mutter Courage und ihre Kinder*. München, 1997.

Olsson, Jan Esper: *Mutter Courage auf der Bühne*. Stockholm, 1996.

Schäfer, Walter E.: *War der Weg über die Lieder ein Umweg? Bertolt Brecht: Mutter Courage und ihre Kinder*. In: Wirkendes Wort 14, 1964, S. 407–413.

Thiele, Dieter: *Bertolt Brecht, Mutter Courage und ihre Kinder*. Frankfurt a. M., 1985.

Völker, Klaus: *Brecht-Kommentar zum dramatischen Werk*. München, 1983.

Wyss, Monika: *Brecht in der Kritik*. München, 1977, S. 203–219.

Mutter Courage und ihre Kinder – deutsche Verfilmungen:

Mutter Courage und ihre Kinder. DDR 1960.
Regie: Peter Palitzsch, Manfred Wekwerth.

Mutter Courage und ihre Kinder. BRD 1987.
Verfilmung für das Fernsehen/ZDF.
Regie: Manfred Karge.

STICHWORTVERZEICHNIS